FRÄULEIN ELSE

Dans la même collection :

Heinrich Böll
Die verlorene Ehre der Katharina Blum

Friedrich Dürenmatt
Der Richter und sein Henker

Franz Kafka
Brief an den Vater

Bernhard Schlink
Zuckererbsen

Arthur Schnitzler
Spiel im Morgengrauen

Patrick Süskind
Der Kontrabass
Die Taube

Stefan Zweig
Schachnovelle

Collectifs :
20 Kurzgeschichten des 20. Jahrhunderts
Die Puppe und andere Geschichten
Deutsche Kurzgeschichten
Geschichten von heute
Moderne Erzählungen

Collection « Lire en allemand »
dirigée par Henri Yvinec

Arthur Schnitzler

Fräulein Else

Choix et annotations par Herma Bouvier
et Margit Schön
Professeurs d'allemand

Le Livre de Poche

La collection "Les Langues Modernes" n'a pas de lien avec l'A.P.L.V. et les ouvrages qu'elle publie le sont sous sa seule responsabilité.

Tout naturellement, après quelques années d'étude d'une langue étrangère, naît l'envie de lire dans le texte. Mais, par ailleurs, le vocabulaire dont on dispose est souvent insuffisant. La perspective de recherches lexicales multipliées chez le lecteur isolé, la présentation fastidieuse du vocabulaire, pour le professeur, sont autant d'obstacles redoutables. C'est pour tenter de les aplanir que nous proposons cette nouvelle collection.

Celle-ci constitue une étape vers la lecture autonome, sans dictionnaire ni traduction, grâce à des notes facilement repérables. S'agissant des élèves de lycée, les ouvrages de cette collection seront un précieux instrument pédagogique pour les enseignants en langues étrangères puisque les recommandations pédagogiques officielles (Bulletin officiel de l'Éducation nationale du 9 juillet 1987 et du 9 juin 1988) les invitent à "faire de l'entraînement à la lecture individuelle une activité régulière" qui pourra aller jusqu'à une heure hebdomadaire. Ces recueils de textes devraient ainsi servir de complément à l'étude de la civilisation. Celle-ci sera également abordée dans des volumes consacrés aux presses étrangères.

Le lecteur trouvera donc :

En page de gauche

Des textes contemporains — nouvelles ou courts romans — choisis pour leur intérêt littéraire et la qualité de leur langue.

En page de droite

Des notes juxtalinéaires rédigées dans la langue du texte, qui aident le lecteur à

Comprendre

Tous les mots et expressions difficiles contenus dans la ligne de gauche sont reproduits en caractères gras et expliqués dans le contexte.

Observer

Des notes d'observation de la langue soulignent le caractère idiomatique de certaines tournures ou constructions.

Apprendre

Dans un but d'enrichissement lexical, certaines notes proposent enfin des synonymes, des antonymes, des expressions faisant appel aux mots qui figurent dans le texte.

Grammaire

Le lecteur trouvera, au moins pour les nouvelles courtes et sous des formes diverses selon les volumes, un rappel des structures rebelles les plus courantes — c'est-à-dire des tournures les plus difficilement assimilées par les francophones. Des chiffres de référence renverront au contexte et aux explications données dans les *Grammaires actives* (de l'anglais, de l'allemand, de l'espagnol, du portugais...) publiées au *Livre de Poche*.

Vocabulaire

En fin de volume une liste de 1 500 mots environ contenus dans les textes, suivis de leur traduction, comporte, entre autres, les verbes irréguliers et les mots qui n'ont pas été annotés faute de place ou parce que leur sens était évident dans le contexte. Grâce à ce lexique on pourra, en dernier recours, procéder à quelques vérifications ou faire un bilan des mots retenus au cours des lectures.

Henri Yvinec

Abkürzungen

etw. etwas
geh. gehoben *(soutenu)*
iron. ironisch
j. jemand
jm. jemandem
jn. jemanden
österr. österreichisch
qqch. *quelque chose*
qqn. *quelqu'un*
ugs. umgangssprachlich *(familier)*
süddt. süddeutsch
usw. und so weiter *(etc.)*
z.B. zum Beispiel *(par exemple)*
m., f., n. *masculin, féminin, neutre*
pl. *pluriel*
veralt. veraltet

Arthur Schnitzler (1862-1931)

In den Jahren vor dem ersten Weltkrieg war Schnitzler einer der meistgespielten Dramatiker deutscher Sprache, besonders bekannt auch in Amerika und Rußland. Manche seiner Werke boten Anlaß zu Skandalen, weil sie für die bürgerlichen, religiösen oder militärischen Moralvorstellungen der ausgehenden Monarchie durch die Schärfe ihrer psychologischen Analyse eine Provokation darstellten. Nach dem Krieg blieb Schnitzler, wie manche andere österreichische Autoren, seinen alten Themen und der Handlungszeit vor 1914 treu, und das Klischee vom Dichter einer »versunkenen Welt« verminderte langsam seine Ruhm.

Als er zu schreiben begonnen hatte, waren französische Theaterautoren seine Vorbilder unter anderem für einen geistreichen, skeptischen, leichten Konversationston wie im *Anatol*-Zyklus. Das Hauptthema in seinem Œuvre ist die Darstellung von Liebesbeziehungen, erotischen Erlebnissen und bürgerlichen Ehen in feinsten psychologischen Nuancen. Auch die Verwischung von Realität und Spiel im Theater selbst, ein Thema das für Pirandello ausschlaggebend wurde, interessierte Schnitzler, der übrigens von Kindheit an mit dem Milieu von

Schauspielern vertraut war, da viele teils als Patienten in seinem Elternhaus verkehrten. Als wichtigstes Werk sei hierzu *Der grüne Kakadu*, 1899, genannt, aber auch der Einakter *Zum großen Wurstel*, 1906 (Au Grand Guignol), der ein glänzendes Zeugnis für Schnitzlers Humor und seine Selbstironie darstellt. Er parodiert darin seine eigenen typischen Theaterfiguren und die Rolle des Dichters*.

Gegen die Jahrhundertwende bezieht Schnitzler stärker das soziale Umfeld in seine psychologischen Analysen ein, was seinem Werk einen gesellschaftskritischen, aber dennoch von jeder Politik distanzierten Aspekt verleiht. Die Novelle *Leutnant Gustl*, 1900, ist hierfür am bedeutendsten. Schnitzler beginnt sich auch für die damalige Literatur ungewöhnlich intensiv mit der sozialpsychologischen Situation der Frau auseinanderzusetzen. Dafür sei die lange Erzählung *Frau Berta Garlan*, 1901, genannt. Später kommen zu seinen Themen die Problematik des Alterns und der Einsamkeit hinzu. Viele Werke Schnitzlers tragen autobiographische Züge, unter seinen Novellen-und Theaterfiguren gibt es etliche Ärzte, Schriftsteller, und Schauspielerinnen. Aufschlußreich sind auch seine Tagebücher, die er akribisch und mit großer Aufrichtigeit sich selbst gegenüber von 1879 bis an sein Lebensende geführt hat. Sie erscheinen, so wie er es gewünscht hatte, seit 1981, also fünfzig Jahre nach seinem Tod.

Fräulein Else gehört mit *Casanovas Heimfahrt* und den beiden Dramen *Der einsame Weg* und *Das weite Land* zu den Werken, die Schnitzler selbst am meisten schätzte. Die Handlung findet

* Ein weiteres Beispiel für Schnitzlers Humor, Skepsis, und Selbstironie ist die Parabel *Geschichte eines Genies* in DEUTSCHE KURZGESCHICHTEN, Livre de Poche n° 8606, Lire en allemand.

um die Jahrhundertwende statt, was zum Beispiel an der Guldenwährung oder dem Gedanken an ein Duell zu sehen ist. Wie schon *Leutnant Gustl* ist diese Novelle im inneren Monolog geschrieben. Der Leser nimmt alles nur aus Elses Perspektive, durch ihr Bewußtsein reflektiert, wahr. Sprachlich sind Elses Assoziationen noch durchaus in grammatikalisch zusammenhängenden Sätzen formuliert -nicht in Fragmente aufgelöst wie zum Beispiel bei James Joyce-, so daß alles, was geschieht, für den Leser realistisch erfaßbar bleibt. Else macht sich in ihrem »Bewußtseinstrom« keine Illusionen, weder über sich selbst noch über ihre Lage als Mädchen oder junge Frau in der damaligen bürgerlichen Gesellschaft. Wir sehen sie in ihrer ganzen Widersprüchlichkeit und Ambivalenz. In ihrem Schamgefühl und gleichzeitig in ihrer Lust an der erotischen Wirkung ihres schönen Körpers, zwischen Haß und Liebe zu ihrem Vater schwankend, Mutterschaft ablehnend und von Kindern angezogen, sportlich und theatralisch, aber auch vollkommen einsam in der zerfallenden, nur mehr als Konvention existierenden Familie. Sie besitzt ein sehr scharfes sprachkritisches Bewußtsein, Floskeln werden von ihr sofort durchschaut. Trotz ihrer Hellsichtigkeit ist sie jedoch dem inneren Konflikt, in den sie sich von ihrer Familie gedrängt sieht, seelisch nicht gewachsen. Der mit außerordentlicher Präzision geschilderte Prozeß, in dem Else einer Bewußtseinsverwirrung, vielleicht dem Tod zutreibt, wurde in der amerikanischen Literaturkritik zur etwas einseitigen psychoanalytischen Fallstudie gemacht. Wohl hatte sich Schnitzler zeitlebens, auch als er nicht mehr als Arzt tätig war, für alle Forschungen auf dem Gebiet der Psychiatrie und der Psychoanalyse interessiert. Er kannte deren Vorgeschichte, hatte die gleiche medizinische Bildung und diesselben berühmten Lehrer an der Wiener medizinischen Fakultät wie der um sechs Jahre ältere Freud. Man kann vielleicht von einer gewissen Parallelität sprechen, aber nicht von einem Einfluß des einen auf den anderen. Vor allem maß Schnitzler dem Unbewußten nicht die gleiche ausschließliche, systematische Bedeutung zu, wie dies bei Freuds Theorie der Fall ist. Für ihn war die Tiefenpsychologie nur einer der möglichen Wege, zur menschlichen Seele vorzudringen, neben denen des Naturforschers oder des Dichters zum Beispiel. Er hatte sich für den des Dichters entschieden.

Zeittafel *

1862	In Wien geboren. Vater: Prof. Dr. Johannes S. bekannter Laryngologe und Direktor der Allgemeinen Wiener Poliklinik
1879-85	Medizinstudium
1885-93	Assistenzarzt in der Poliklinik. Nach Tod des Vaters 1893 Eröffnung einer Privatpraxis
1886	Sekundararzt bei Th. Meynert (Psychiatrie)
	Erste Veröffentlichungen von Prosaskizzen und Gedichten in Zeitschriften
1887	Redakteur der »Internationalen klinischen Rundschau« (von seinem Vater begründete Zeitschrift)
1888	Beschäftigung mit Suggestion und Hypnose
	Beginn des aus Einaktern bestehenden Zyklus *Anatol*

* Alle Werke Schnitzlers sind im Fischer Taschenbuch Verlag erhältlich.

Eine ausführliche Zeittafel findet man in der ro-ro-ro Bildmonographie über *Schnitzler* von Hartmut Scheible und in *Arthur Schnitzler, auteur dramatique* von Heinz Schwarzinger, Actes Sud-Papiers 1989.

Aufsätze von verschiedenen Literaturwissenschaftlern zu Schnitzlers Werk sind versammelt in den *Akten des Internationalen Symposiums »Arthur Schnitzler und seine Zeit«* (Jahrbuch für Internationale Germanistik, Band 13) herausgegeben von Giuseppe Faresi im Verlag Peter Lang, 1985.

1890	Schnitzler frequentiert den Literatenzirkel »Jung Wien« (Hugo von Hofmannsthal, Felix Salten, Richard Beer-Hofmann, Hermann Bahr)
1892	*Anatol* (mit Prolog von Hofmannsthal)
1893	*Das Märchen* (1891 geschrieben) in Wien aufgeführt: erster Skandal um Schnitzler
1895	Die Buchausgabe von *Sterben*, 1894 in der Neuen Rundschau erschienen, macht Schnitzler als Erzähler einem größeren Publikum bekannt
	Liebelei in Wien uraufgeführt
1899	Uraufführung der drei Einakter *Paracelsus, Die Gefährtin, Der grüne Kakadu*
1900	*Leutnant Gustl, Reigen*
1901	*Frau Berta Garlan* (Erzählung)
	Wegen der Novelle *Leutnant Gustl* wird Schnitzler der Offiziersrang abgesprochen.
1903	Heirat mit Olga Gussmann, Sängerin, Mutter seines 1902 geborenen Sohnes Heinrich
1904	*Der einsame Weg*
	Buchausgabe von *Reigen* wird in Deutschland verboten
1906	Der Einakter *Zum großen Wurstel* uraufgeführt
1908	*Der Weg ins Freie* (Roman) (Vienne au crépuscule)
1909	Geburt der Tochter Lili
1911	*Das weite Land* wird uraufgeführt und zwar gleichzeitig in Berlin, Breslau, München, Prag, Leipzig, Hannover, Bochum und Wien
1912	*Professor Bernhardi*, in Wien von der Zensur verboten
	Zum 50. Geburtstag erscheinen *Gesammelte Werke* bei S. Fischer (Erzählende Schriften, 3 Bände; Theaterstücke, 4 Bände) und an 26 Theatern werden Stücke von Schnitzler aufgeführt

1913 *Frau Beate und ihre Sohn*

1915 Schnitzler beginnt *Eine Jugend in Wien* zu schreiben, seine 1968 veröffentlichte Autobiographie

1917 *Fink und Fliederbusch* (Les Journalistes) aufgeführt

1918 *Casanovas Heimfahrt* (Novelle)
Professor Bernhardi aufgeführt

1920 Uraufführung von *Reigen* in Berlin und 1921 in Wien
Weitere Vorstellungen werden nach einem Skandal im Theater polizeilich verboten
Scheidung von Olga

1922 Nach Freuds Brief zum 60. Geburtstag von Schnitzler erstes längeres Zusammentreffen

1924 *Fräulein Else, Komödie der Verführung*

1925 *Traumnovelle, Die Frau des Richters*

1926 *Der Gang zum Weiher* (erst 1931 aufgeführt)
Spiel im Morgengrauen (Novelle)

1928 *Therese* (Roman); Selbstmord der Tochter Lili

1929 Stummfilm nach *Fräulein Else* von Paul Czinner

1931 Tod Schnitzlers am 31. Oktober

»Du willst wirklich nicht mehr weiterspielen, Else?« — »Nein, Paul, ich kann nicht mehr. Adieu. — Auf Wiedersehen, gnädige Frau.« — *»Aber Else, sagen Sie mir doch: Frau Cissy. — Oder lieber noch: Cissy, ganz einfach.«* — »Auf Wiedersehen, Frau Cissy.« — *»Aber warum gehen Sie denn schon, Else? Es sind noch volle zwei Stunden bis zum Dinner.«* — »Spielen Sie nur Ihr Single mit Paul, Frau Cissy, mit mir ist's doch heut' wahrhaftig kein Vergnügen.« — *»Lassen Sie sie, gnädige Frau, sie hat heut' ihren ungnädigen Tag. — Steht dir übrigens ausgezeichnet zu Gesicht, das Ungnädigsein, Else. — Und der rote Sweater noch besser.«* — »Bei Blau wirst du hoffentlich mehr Gnade finden, Paul. Adieu.«

Das war ein ganz guter Abgang. Hoffentlich glauben die Zwei nicht, daß ich eifersüchtig bin. — Daß sie was miteinander haben, Cousin Paul und Cissy Mohr, darauf schwör' ich. Nichts auf der Welt ist mir gleichgültiger. — Nun wende ich mich noch einmal um und winke ihnen zu. Winke und lächle. Sehe ich nun gnädig aus? — Ach Gott, sie spielen schon wieder. Eigentlich spiele ich besser als Cissy Mohr; und Paul ist auch nicht gerade ein Matador. Aber gut sieht er aus — mit dem offenen Kragen und dem Bösen-Jungen-Gesicht. Wenn er nur weniger affektiert wäre. Brauchst keine Angst zu haben, Tante Emma...

Was für ein wundervoller Abend! Heut' wär' das richtige Wetter gewesen für die Tour auf die Rosetta-Hütte. Wie herrlich der Cimone in den Himmel ragt! — Um fünf Uhr früh wär' man aufgebrochen. Anfangs wär' mir natürlich übel gewesen, wie gewöhnlich. Aber das verliert sich. — Nichts köstlicher als das Wandern im Morgengrauen. Der einäugige Amerikaner auf der

gnädige Frau: Madame
lieber: besser

noch volle: noch ganze

wahrhaftig: wirklich □ **Vergnügen** (n.): Spaß (m.)
ungnädigen: unfreundlichen
steht ... zu Gesicht: paßt sehr gut zu dir
Sweater (m.): Pullover (m.)
mehr Gnade finden: mehr Glück haben
... Abgang (m.): ... war recht gut, effektvoll, wie ich jetzt weggegangen bin □ **eifersüchtig**: *jaloux* □ **was ... haben**: eine Liebesaffäre mit jm. haben □ **darauf ... ich**: dessen bin ich sicher □ **gleichgültiger**: mehr egal
wende: drehe □ **winke ... zu**: mache ein Zeichen mit der Hand zum Abschied □ **gnädig**: freundlich
eigentlich: es stimmt, daß ich besser als ... spiele

Matador (m.): Weltmeister (m.)
Kragen (m.): der K. schließt das Hemd □ **Bösen-Jungen-Gesicht**: mit einem Ausdruck, als ob er ein böser (≠ braver) Junge wäre
wundervoller: wunderschöner, herrlicher

Hütte (f.): kleines Holzhaus in den Bergen □ **Cimone**: ein Berg □ **ragt**: sich erhebt □ **aufgebrochen**: losgegangen □ **anfangs**: zu Beginn □ **übel**: schlecht
nichts k.: nichts schöner □ **Wandern**: Spazierengehen
Morgengrauen: Tagesanfang □ **einäugige**: nur mit einem Auge

Rosetta hat ausgesehen wie ein Boxkämpfer. Vielleicht hat ihm beim Boxen wer das Aug' ausgeschlagen. Nach Amerika würd' ich ganz gern heiraten, aber keinen Amerikaner. Oder ich heirat' einen Amerikaner und wir leben in Europa. Villa an der Riviera. Marmorstufen ins Meer. Ich liege nackt auf dem Marmor. — Wie lang ist's her, daß wir in Mentone waren? Sieben oder acht Jahre. Ich war dreizehn oder vierzehn. Ach ja, damals waren wir noch in besseren Verhältnissen. — Es war eigentlich ein Unsinn, die Partie aufzuschieben. Jetzt wären wir jedenfalls schon zurück. — Um vier, wie ich zum Tennis gegangen bin, war der telegraphisch angekündigte Expreßbrief von Mama noch nicht da. Wer weiß, ob jetzt. Ich hätt' noch ganz gut ein Set spielen können. — Warum grüßen mich diese zwei jungen Leute? Ich kenn' sie gar nicht. Seit gestern wohnen sie im Hotel, sitzen beim Essen links am Fenster, wo früher die Holländer gesessen sind. Hab' ich ungnädig gedankt? Oder gar hochmütig? Ich bin's ja gar nicht. Wie sagte Fred auf dem Weg vom 'Coriolan' nach Hause? Frohgemut. Nein, hochgemut. Hochgemut sind Sie, nicht hochmütig, Else. — Ein schönes Wort. Er findet immer schöne Worte. — Warum geh' ich so langsam? Fürcht' ich mich am Ende vor Mamas Brief? Nun, Angenehmes wird er wohl nicht enthalten. Expreß! Vielleicht muß ich wieder zurückfahren. O weh. Was für ein Leben — trotz rotem Seidensweater und Seidenstrümpfen. Drei Paar! Die arme Verwandte, von der reichen Tante eingeladen. Sicher bereut sie's schon. Soll ich's dir schriftlich geben, teuere Tante, daß ich an Paul nicht im Traum denke? Ach, an niemanden denke ich. Ich bin nicht verliebt. In niemanden. Und war noch nie verliebt. Auch in Albert

wer: jemand □ **ausgeschlagen**: kaputtgeschlagen □ **nach A. ... heiraten**: in A. ... heiraten und dort leben

Marmorstufen (pl.): Skulpturen sind oft aus Marmor. Treppen haben Stufen □ **nackt**: ohne Kleider

damals: zu dieser Zeit □ **waren**: lebten
in besseren V. (pl.): hatten wir noch Geld
Unsinn: dumm □ **die Partie aufzuschieben**: die Wanderung auf einen späteren Tag zu verlegen □ **wie**: als
angekündigte: angesagte

grüßen mich: sagen mir ... guten Tag

beim Essen: während des Essens
gesessen sind (süddt): gesessen haben
hochmütig: sehr stolz, arrogant
Coriolan: Theaterstück von Shakespeare □ **frohgemut**: lustig, vergnügt, heiter □ **hochgemut**: fröhlich

fürchte: habe ich Angst?
Angenehmes: gute Nachrichten (pl.)
enthalten: zum Inhalt haben, wird wohl nicht darinstehen
trotz rotem ...: obwohl ich einen roten Sweater habe
Seidensweater: Seide (f.): Lyon ist z.B. für seine Seidenfabrikation bekannt
bereut: bedauert □ **soll ... schriftlich geben?** (ugs.): willst du es schwarz auf weiß haben? □ **nicht im Traum**: überhaupt nicht keineswegs, nicht im geringsten □ **ich bin nicht verliebt**: liebe niemand

bin ich's nicht gewesen, obwohl ich es mir acht Tage lang eingebildet habe. Ich glaube, ich kann mich nicht verlieben. Eigentlich merkwürdig. Denn sinnlich bin ich gewiß. Aber auch hochgemut und ungnädig, Gott sei Dank. Mit dreizehn war ich vielleicht das einzige Mal wirklich verliebt. In den van Dyck — oder vielmehr in den Abbé Des Grieux, und in die Renard auch. Und wie ich sechzehn war, am Wörthersee. — Ach nein, das war nichts. Wozu nachdenken, ich schreibe ja keine Memoiren. Nicht einmal ein Tagebuch wie die Bertha. Fred ist mir sympathisch, nicht mehr. Vielleicht, wenn er eleganter wäre. Ich bin ja doch ein Snob. Der Papa findet's auch und lacht mich aus. Ach, lieber Papa, du machst mir viel Sorgen. Ob er die Mama einmal betrogen hat? Sicher. Öfters. Mama ist ziemlich dumm. Von mir hat sie keine Ahnung. Andere Menschen auch nicht. Fred? — Aber eben nur eine Ahnung. — Himmlischer Abend. Wie festlich das Hotel aussieht. Man spürt: Lauter Leute, denen es gut geht und die keine Sorgen haben. Ich zum Beispiel. Haha! Schad'. Ich wär' zu einem sorgenlosen Leben geboren. Es könnt' so schön sein. Schad'. — Auf dem Cimone liegt ein roter Glanz. Paul würde sagen: Alpenglühen. Das ist noch lang' kein Alpenglühen. Es ist zum Weinen schön. Ach, warum muß man wieder zurück in die Stadt!

»*Guten Abend, Fräulein Else.*« — »Küss' die Hand gnädige Frau.« — »*Vom Tennis?*« — Sie sieht's doch, warum fragt sie? »Ja, gnädige Frau. Beinah drei Stunden lang haben wir gespielt. — Und gnädige Frau machen noch einen Spaziergang?« — »*Ja, meinen gewohnten Abendspaziergang. Den Rolleweg. Der geht so schön zwischen den Wiesen, bei Tag ist er beinahe zu*

bin ... gewesen: war ich nicht verliebt □ **mir ... eingebildet habe**: acht Tage lang geglaubt habe
eigentlich: doch □ **merkwürdig**: seltsam □ **sinnlich**: erotisch
gewiß: sicher

vielmehr: eher, richtiger

Wörthersee: See in Österreich
wozu: warum
Tagebuch (n.): z.B. das T. der Anne Frank

lacht ... aus: macht sich über mich lustig
Sorgen (pl.): Kummer (m.) □ **betrogen** < betrügen: mit einer anderen Frau geschlafen hat □ **öfters**: oft □ **ziemlich**: relativ □ **hat ... Ahnung**: weiß sie nichts
eben nur: nicht mehr als □ **himmlischer**: wundervoller
festlich: feierlich □ **spürt**: fühlt □ **lauter**: nur

schad: z.B. Es ist schade, daß du nicht zu dem Fest kommen kannst □ **sorgenlosen L.**: zu einem Leben ohne Sorgen, Probleme
Glanz < glänzen
Alpenglühen: die Berge glühen rot in der Abendsonne □ **noch lang kein**: überhaupt kein

küss' ... Hand (österr. veralt.): guten Tag, guten Abend

beinah: fast
und gnädige Frau machen ... (alte Höflichkeitsform), heute: Sie machen wohl einen Spaziergang?
gewohnten: üblichen, wie immer
Wiese: auf der W. wächst Gras

sonnig. « — » Ja, die Wiesen hier sind herrlich. Besonders im Mondenschein von meinem Fenster aus. «—

» *Guten Abend, Fräulein Else. — Küss' die Hand, gnädige Frau.* « — » Guten Abend, Herr von Dorsday. « — » *Vom Tennis, Fräulein Else?* « — » Was für ein Scharfblick, Herr von Dorsday. « — » *Spotten Sie nicht, Else.* « — Warum sagt er nicht 'Fräulein Else'? — » *Wenn man mit dem Rakett so gut ausschaut, darf man es gewissermaßen auch als Schmuck tragen.* « — Esel, darauf antworte ich gar nicht. » Den ganzen Nachmittag haben wir gespielt. Wir waren leider nur drei. Paul, Frau Mohr und ich. « — » *Ich war früher ein enragierter Tennisspieler.* « — » Und jetzt nicht mehr? « — » *Jetzt bin ich zu alt dazu.* « — » Ach, alt, in Marienlyst, da war ein fünfundsechzigjähriger Schwede, der spielte jeden Abend von sechs bis acht Uhr. Und im Jahr vorher hat er sogar noch bei einem Turnier mitgespielt. « — » *Nun, fünfundsechzig bin ich Gott sei Dank noch nicht, aber leider auch kein Schwede.* « — Warum leider? Das hält er wohl für einen Witz. Das Beste, ich lächle höflich und gehe. » Küss' die Hand, gnädige Frau. Adieu, Herr von Dorsday. « Wie tief er sich verbeugt und was für Augen er macht. Kalbsaugen. Hab ich ihn am Ende verletzt mit dem fünfundsechzigjährigen Schweden? Schad't auch nichts. Frau Winawer muß eine unglückliche Frau sein. Gewiß schon nah an fünfzig. Diese Tränensäcke, — als wenn sie viel geweint hätte. Ach wie furchtbar, so alt zu sein. Herr von Dorsday nimmt sich ihrer an. Da geht er an ihrer Seite. Er sieht noch immer ganz gut aus mit dem graumelierten Spitzbart. Aber sympathisch ist er nicht. Schraubt sich künstlich hinauf. Was hilft Ihnen Ihr erster Schneider, Herr von Dorsday? Dorsday! Sie

sonnig < Sonne □ **herrlich**: wundervoll
Mondenschein: nachts scheint der Mond

... **Scharfblick**: wie intelligent, welcher Scharfsinn □ **spotten**: lachen Sie mich nicht aus
ausschaut: aussieht
gewissermaßen: sozusagen □ **Schmuck**: *parure* □ **Esel**: Idiot
darauf: auf diesen Satz
leider: unglücklicherweise

Schwede: Einwohner von Schweden (vielleicht von Stockholm)
im Jahr vorher: im Vorjahr

hält ... Witz: glaubt, es ist ein Spaß, Scherz
höflich: *poli*

tief ≠ hoch □ **verbeugt**: verneigt □ **was ... macht**: wie er die A. rollt □ **Kalbsaugen** < Kalb: junge Kuh □ **verletzt**: gekränkt
schadet ... nichts: macht nichts

nah an: beinah, fast □ **Tränensäcke**: *poches sous les yeux* □ **als wenn**: als ob □ **furchtbar**: schrecklich
nimmt ... an: kümmert sich um sie

graumelierten: etwas grauen □ **Spitzbart**: kleinen Bart
schraubt ... hinauf: tut sich wichtig □ **künstlich** ≠ natürlich, echt □ **Schneider**: ein S. näht Kleider

haben sicher einmal anders geheißen. — Da kommt das süße kleine Mädel von Cissy mit ihrem Fräulein. — »Grüß dich Gott, Fritzi. Bon soir, Mademoiselle. Vous allez bien?« — »*Merci, Mademoiselle. Et vous?*« — »Was seh' ich, Fritzi, du hast ja einen Bergstock. Willst du am End' den Cimone besteigen?« — »*Aber nein, so hoch hinauf darf ich noch nicht.*« — »Im nächsten Jahr wirst du es schon dürfen. Pah, Fritzi. A bientôt, Mademoiselle.« — »*Bon soir, Mademoiselle.*«

Eine hübsche Person. Warum ist sie eigentlich Bonne? Noch dazu bei Cissy. Ein bitteres Los. Ach Gott, kann mir auch noch blühen. Nein, ich wüßte mir jedenfalls was Besseres. Besseres? — Köstlicher Abend. 'Die Luft ist wie Champagner', sagte gestern Doktor Waldberg. Vorgestern hat es auch einer gesagt. — Warum die Leute bei dem wundervollen Wetter in der Halle sitzen? Unbegreiflich. Oder wartet jeder auf einen Expreßbrief? Der Portier hat mich schon gesehen; — wenn ein Expreßbrief für mich da wäre, hätte er mir ihn sofort hergebracht. Also keiner da. Gott sei Dank. Ich werde mich noch ein bißl hinlegen vor dem Diner. Warum sagt Cissy 'Dinner'? Dumme Affektation. Passen zusammen, Cissy und Paul. — Ach, wär der Brief lieber schon da. Am Ende kommt er während des 'Dinner'. Und wenn er nicht kommt, hab' ich eine unruhige Nacht. Auch die vorige Nacht hab' ich so miserabel geschlafen. Freilich, es sind gerade diese Tage. Drum hab' ich auch das Ziehen in den Beinen. Dritter September ist heute. Also wahrscheinlich am sechsten. Ich werde heute Veronal nehmen. O, ich werde mich nicht daran gewöhnen. Nein, lieber Fred, du mußt nicht besorgt sein. In Gedanken bin ich immer per Du mit ihm. — Versuchen sollte man

süße: niedliche □ **mit ihrem Fräulein**: mit ihrer Gouvernante
grüß (dich) Gott (süddt.): guten Tag

Bergstock (m.) < Stock: damit kann man leichter gehen
am End' (süddt): vielleicht

pah (Ausruf): ach!

noch dazu: außerdem, und was schlimmer ist □ **bitter** ≠ süß □ **Los** (n.): Schicksal (n.) □ **kann ... blühen**: kann mir auch noch passieren, das erwartet mich vielleicht auch

Halle (f.): Hotelhalle (f.)
unbegreiflich: unverständlich

hergebracht < herbringen, bringen
bißl (süddt.): bißchen □ **hinlegen**: ins Bett legen
dumme ≠ kluge, intelligente

unruhige Nacht: schlaflose Nacht
vorige: letzte □ **freilich**: natürlich
diese Tage: die Menstruation □ **drum**: darum, deshalb
Ziehen: leichter Schmerz

gewöhnen: wer Drogen nimmt, gewöhnt sich daran
du ... sein: du mußt dir keine Sorgen machen
bin ich immer per Du mit ihm: duze ich ihn

alles, — auch Haschisch. Der Marinefähnrich Brandel hat sich aus China, glaub' ich, Haschisch mitgebracht. Trinkt man oder raucht man Haschisch? Man soll prachtvolle Visionen haben. Brandel hat mich eingeladen, mit ihm Haschisch zu trinken oder — zu rauchen. Frecher Kerl. Aber hübsch. —

»*Bitte sehr, Fräulein, ein Brief.*« — Der Portier! Also doch! — Ich wende mich ganz unbefangen um. Es könnte auch ein Brief von der Karoline sein oder von der Bertha oder von Fred oder Miß Jackson? »Danke schön.« Doch von Mama, Expreß. Warum sagt er nicht gleich: ein Expreßbrief? »Oh, ein Expreß!« Ich mach' ihn erst auf dem Zimmer auf und les' ihn in aller Ruhe. — Die Marchesa. Wie jung sie im Halbdunkel aussieht. Sicher fünfundvierzig. Wo werd' ich mit fünfundvierzig sein? Vielleicht schon tot. Hoffentlich. Sie lächelt mich so nett an, wie immer. Ich lasse sie vorbei, nicke ein wenig, — nicht als wenn ich mir eine besondere Ehre daraus machte, daß mich eine Marchesa anlächelt. — »*Buona sera.*« — Sie sagt mir buona sera. Jetzt muß ich mich doch wenigstens verneigen. War das zu tief? Sie ist ja um so viel älter. Was für einen herrlichen Gang sie hat. Ist sie geschieden? Mein Gang ist auch schön. Aber — ich weiß es. Ja, das ist der Unterschied. — Ein Italiener könnte mir gefährlich werden. Schade, daß der schöne Schwarze mit dem Römerkopf schon wieder fort ist. 'Er sieht aus wie ein Filou', sagte Paul. Ach Gott, ich hab' nichts gegen Filous, im Gegenteil. — So, da wär' ich. Nummer siebenundsiebzig. Eigentlich eine Glücksnummer. Hübsches Zimmer. Zirbelholz. Dort steht mein jungfräuliches Bett. — Nun ist es richtig ein Alpenglühen geworden. Aber Paul gegenüber werde ich

Marinefähnrich: *enseigne de vaisseau*
mitgebracht < mitbringen

prachtvolle: wundervolle, sehr, sehr schöne

frecher ≠ höflicher □ **Kerl**: Bursche □ **hübsch** ≠ häßlich

wende ... um: drehe ... um □ **unbefangen**: natürlich

gleich: sofort
erst: zuerst □ **in aller Ruhe**: ungestört (und langsam)
Halbdunkel (n.): zwischen Tag und Nacht

hoffentlich: ich hoffe es
vorbei: vorbeigehen □ **nicke**: mache eine Zeichen mit dem Kopf □ **mir... machte**: als ob es eine besondere Ehre für mich wäre

wenigstens: mindestens □ **verneigen**: verbeugen
um so viel: sehr viel älter □ **Gang** < gehen
geschieden (< scheiden): von ihrem Mann getrennt
Unterschied: das ist es, was bei mir anders ist
könnte ... werden: könnte g. für mich sein
Schwarze: Mann mit dunklen Haaren □ **Römerkopf**: Römer leben in Rom □ **fort**: weg, nicht mehr da

□ **Glücksnummer** < Glück (n.): Chance (f.)
Zirbelholz (n.): eine Art von Kiefern *(pin cembro)*
jungfräulich: z.B. die Jungfrau Maria, Mutter von Jesus
Paul gegenüber: wenn ich mit Paul spreche

es abstreiten. Eigentlich ist Paul schüchtern. Ein Arzt, ein Frauenarzt! Vielleicht gerade deshalb. Vorgestern im Wald, wie wir so weit voraus waren, hätt' er schon etwas unternehmender sein dürfen. Aber dann wäre es ihm übel ergangen. Wirklich unternehmend war eigentlich mir gegenüber noch niemand. Höchstens am Wörthersee vor drei Jahren im Bad. Unternehmend? Nein, unanständig war er ganz einfach. Aber schön. Apoll vom Belvedere. Ich hab' es ja eigentlich nicht ganz verstanden damals. Nun ja mit — sechzehn Jahren. Meine himmlische Wiese! Meine! — Wenn man sich die nach Wien mitnehmen könnte. Zarte Nebel. Herbst? Nun ja, dritter September, Hochgebirge.

Nun, Fräulein Else, möchten Sie sich nicht doch entschließen, den Brief zu lesen? Er muß sich ja gar nicht auf den Papa beziehen. Könnte es nicht auch etwas mit meinem Bruder sein? Vielleicht hat er sich verlobt mit einer seiner Flammen? Mit einer Choristin oder einem Handschuhmädel. Ach nein, dazu ist er wohl doch zu gescheit. Eigentlich weiß ich ja nicht viel von ihm. Wie ich sechzehn war und er einundzwanzig, da waren wir eine Zeitlang geradezu befreundet. Von einer gewissen Lotte hat er mir viel erzählt. Dann hat er plötzlich aufgehört. Diese Lotte muß ihm irgend etwas angetan haben. Und seitdem erzählt er mir nichts mehr. — Nun ist er offen, der Brief, und ich hab' gar nicht bemerkt, daß ich ihn aufgemacht habe. Ich setze mich aufs Fensterbrett und lese ihn. Achtgeben, daß ich nicht hinunterstürze. Wie uns aus San Martino gemeldet wird, hat sich dort im Hotel Fratazza ein beklagenswerter Unfall ereignet. Fräulein Else T., ein neunzehnjähriges bildschönes Mädchen, Tochter des bekannten Advoka-

abstreiten: nicht zugeben □ **schüchtern**: ängstlich vor anderen Leuten □ **Frauenarzt**: Gynäkologe
voraus waren: vor den anderen gingen
unternehmender: aktiver □ **wäre ... ergangen**: hätte ich mich gewehrt
mir gegenüber: zu mir □ **höchstens**: außer, vielleicht
Bad (n.): Schwimmbad
unanständig: frech, nicht korrekt
eigentlich: im Grunde, wenn man genau sein will
himmlische (< Himmel): paradiesische

zarte: leichte □ **Nebel** (pl.): bei N. kann man nicht weit sehen
Hochgebirge: hohe Berge

entschließen: entscheiden □ **muß ... beziehen**: muß ja gar nicht den Papa betreffen, muß ja gar nicht von P. sprechen
verlobt: man verlobt sich, bevor man heiratet
... Flammen: mit einer von seinen Geliebten
Handschuhmädel (n.): Handschuhverkäuferin (f.)
gescheit: klug, intelligent
wie: als
geradezu: direkt, richtig □ **befreundet**: wie Freunde

aufgehört: nichts mehr gesagt □ **muß ... angetan haben**: muß böse zu ihm gewesen sein

Fensterbrett (n.): *rebord de la fenêtre* □ **achtgeben**: aufpassen
hinunterstürze: hinunterfalle
beklagenswerter: bedauerlicher, trauriger
Unfall: Unglück (n.) □ **hat sich ... ereignet**: ist ... passiert
bildschönes: sehr schönes

ten... Natürlich würde es heißen, ich hätte mich umgebracht aus unglücklicher Liebe oder weil ich in der Hoffnung war. Unglückliche Liebe, ah nein.

'Mein liebes Kind' — Ich will mir vor allem den Schluß anschaun. — 'Also nochmals, sei uns nicht böse, mein liebes gutes Kind und sei tausendmal' — Um Gottes willen, sie werden sich doch nicht umgebracht haben! Nein, — in dem Fall wär' ein Telegramm von Rudi da. — 'Mein liebes Kind, du kannst mir glauben, wie leid es mir tut, daß ich dir in deine schönen Ferialwochen' — Als wenn ich nicht immer Ferien hätt', leider — 'mit einer so unangenehmen Nachricht hineinplatze.' — Einen furchtbaren Stil schreibt Mama. — 'Aber nach reiflicher Überlegung bleibt mir wirklich nichts anderes übrig. Also, kurz und gut, die Sache mit Papa ist akut geworden. Ich weiß mir nicht zu raten, noch zu helfen.' — Wozu die vielen Worte? — 'Es handelt sich um eine verhältnismäßig lächerliche Summe — dreißigtausend Gulden', lächerlich? — 'die in drei Tagen herbeigeschafft sein müssen, sonst ist alles verloren.' Um Gottes willen, was heißt das? — 'Denk dir, mein geliebtes Kind, daß der Baron Höning', — wie, der Staatsanwalt? — 'sich heut früh den Papa hat kommen lassen. Du weißt ja, wie der Baron den Papa hochschätzt, ja geradezu liebt. Vor anderthalb Jahren, damals, wie es auch an einem Haar gehangen hat, hat er persönlich mit den Hauptgläubigern gesprochen und die Sache noch im letzten Moment in Ordnung gebracht. Aber diesmal ist absolut nichts zu machen, wenn das Geld nicht beschafft wird. Und abgesehen davon, daß wir alle ruiniert sind, wird es ein Skandal, wie er noch nicht da war. Denk' dir, ein Advokat, ein berühmter

umgebracht < umbringen : getötet □ **in der Hoffnung war** : ein Kind erwartete

Schluß (m.) : Ende (n.) □ **sei ... böse** : nimm es uns nicht übel □ **um Gottes willen** : mein Gott

in dem Fall : wenn das passiert wäre

wie leid es mir tut : wie ich das bedaure
Ferialwochen (österr. veralt.) : Ferienwochen (pl.)
Nachricht (f.) : Information □ **hineinplatze** : dich mit so einer unangenehmen Nachricht überrasche
reiflicher : langer □ **Überlegung** (f.) : Nachdenken (n.) □ **bleibt ... übrig** : habe ich keine andere Wahl
akut : dringend □ **ich ... raten** : ich weiß nicht, was ich tun soll

verhältnismäßig : relativ □ **lächerliche** : kleine
Gulden (pl.) : In Holland zahlt man heute noch mit Gulden
herbeigeschafft : gefunden □ **sonst** : anderenfalls
verloren < verlieren

Staatsanwalt : *procureur général*

hochschätzt : bewundert □ **anderthalb** : 1 1/2
wie es ... hat : als die Situation sehr, sehr kritisch war
Hauptgläubigern (Dat. pl.) : Gläubiger, die die größten Kredite gewährt, gegeben haben □ **in Ordnung gebracht** : arrangiert

beschafft : gefunden □ **abgesehen davon** : ohne davon zu sprechen
berühmter : bekannter

Advokat, — der, — nein, ich kann es gar nicht niederschreiben. Ich kämpfe immer mit den Tränen. Du weißt ja, Kind, du bist ja klug, wir waren ja, Gott sei's geklagt, schon ein paar Mal in einer ähnlichen Situation und die Familie hat immer herausgeholfen. Zuletzt hat es sich gar um hundertzwanzigtausend gehandelt. Aber damals hat der Papa einen Revers unterschreiben müssen, daß er niemals wieder an die Verwandten, speziell an den Onkel Bernhard, herantreten wird.' — Na weiter, weiter, wo will denn das hin? Was kann denn ich dabei tun? — 'Der Einzige, an den man eventuell noch denken könnte, wäre der Onkel Viktor, der befindet sich aber unglücklicherweise auf einer Reise zum Nordkap oder nach Schottland' — Ja, der hat's gut, der ekelhafte Kerl — 'und ist absolut unerreichbar, wenigstens für den Moment. An die Kollegen, speziell Dr. Sch., der Papa schon öfter ausgeholfen hat' — Herrgott, wie stehn wir da —, 'ist nicht mehr zu denken, seit er sich wieder verheiratet hat.' — Also was denn, was denn, was wollt ihr denn von mir? — 'Und da ist nun dein Brief gekommen, mein liebes Kind, wo du unter andern Dorsday erwähnst, der sich auch in Fratazza aufhält, und das ist uns wie ein Schicksalswink erschienen. Du weißt ja, wie oft Dorsday in früheren Jahren zu uns gekommen ist' — na, gar so oft —, 'es ist der reine Zufall, daß er sich seit zwei, drei Jahren seltener blicken läßt; er soll in ziemlich festen Banden sein — unter uns, nichts sehr Feines.' — Warum 'unter uns?' — 'Im Residenzklub hat Papa jeden Donnerstag noch immer seine Whistpartie mit ihm, und im verflossenen Winter hat er ihm im Prozeß gegen einen andern Kunsthändler ein hübsches Stück Geld gerettet. Im

niederschreiben: schreiben ☐ **kämpfe ... T.**: muß mich bemühen, nicht zu weinen ☐ **Gott sei's geklagt**: leider
ein ... Mal: öfter ☐ **ähnlichen**: gleichen
herausgeholfen (< heraushelfen): geholfen
gar: sogar
einen R. ... müssen: sich schriftlich engagieren müssen
Verwandten (Acc. pl.): Familie
herantreten: appellieren
wo ... hin?: was will sie?, worauf will sie hinaus?
der Einzige: es gibt nur einen, an den ...

befindet sich: ist ☐ **unglücklicherweise**: leider
der ... gut: dem geht es gut
ekelhafte: widerliche, unsympathische ☐ **unerreichbar**: den kann man nicht erreichen (weil man nicht weiß, wo er ist)
ausgeholfen (< aushelfen): geholfen
Herrgott: mein Gott ☐ **wie ... da?**: in welche Situation sind wir geraten?

wo: in dem
Dorsday erwähnst: von Dorsday sprichst
aufhält: ist ☐ **Schicksalswink** (m.): göttliches Zeichen

na, gar so oft: also so oft, wie die Mutter schreibt, war er nicht bei uns ☐ **reine**: pure ☐ **Zufall** ≠ Absicht
blicken läßt: sehen läßt ☐ **er ... sein**: man sagt, daß er mit einer Frau liiert ist ☐ **unter uns**: im Vertrauen gesagt ☐ **Feines**: Vornehmes ≠ Vulgäres
verflossenen: vergangenen, letzten
☐ **Kunsthändler**: kauft u. verkauft Bilder, Skulpturen usw.
ein hübsches Stück Geld: eine große Summe

übrigen, warum sollst du es nicht wissen, er ist schon früher einmal dem Papa beigesprungen.‘ — Hab’ ich mir gedacht. — ’Es hat sich damals um eine Bagatelle gehandelt, achttausend Gulden, — aber schließlich — dreißig bedeuten für Dorsday auch keinen Betrag. Darum hab’ ich mir gedacht, ob du uns nicht die Liebe erweisen und mit Dorsday reden könntest.‘ — Was? — ’Dich hat er ja immer besonders gern gehabt.‘ — Hab’ nichts davon gemerkt. Die Wange hat er mir gestreichelt, wie ich zwölf oder dreizehn Jahre alt war. ’Schon ein ganzes Fräulein.‘ — ’Und da Papa seit den achttausend glücklicherweise nicht mehr an ihn herangetreten ist, so wird er ihm diesen Liebesdienst nicht verweigern. Neulich soll er an einem Rubens, den er nach Amerika verkauft hat, allein achtzigtausend verdient haben. Das darfst du selbstverständlich nicht erwähnen.‘ — Hältst du mich für eine Gans, Mama? — ’Aber im übrigen kannst du ganz aufrichtig zu ihm reden. Auch, daß der Baron Höning sich den Papa hat kommen lassen, kannst du erwähnen, wenn es sich so ergeben sollte. Und daß mit den dreißigtausend tatsächlich das Schlimmste abgewendet ist, nicht nur für den Moment, sondern, so Gott will, für immer.‘ — Glaubst du wirklich, Mama? — ’Denn der Prozeß Erbesheimer, der glänzend steht, trägt dem Papa sicher hunderttausend, aber selbstverständlich kann er gerade in diesem Stadium von den Erbesheimers nichts verlangen. Also, ich bitte dich, Kind, sprich mit Dorsday. Ich versichere dich, es ist nichts dabei. Papa hätte ihm ja einfach telegraphieren können, wir haben es ernstlich überlegt, aber es ist doch etwas ganz anderes, Kind, wenn man mit einem Menschen persönlich spricht. Am sechsten um zwölf

im übrigen: und außerdem, übrigens
beigesprungen (< beispringen): hat dem P. geholfen

schließlich: letztlich, im Grunde genommen, im Endeffekt
Betrag: Summe (f.)
die Liebe erweisen: den Gefallen tun, das für uns tun

Wange: *joue* □ **gestreichelt** < streicheln: man streichelt z.B. gern Hunde und Katzen
ganzes: richtiges
glücklicherweise: zum Glück □ **an ... herangetreten ist**: um Hilfe gebeten hat □ **Liebesdienst**: Gefallen □ **...verweigern**: nicht nein sagen □ **neulich**: vor kurzem □ **an einem R. ... verdient haben**: für diesen Verkauf, für diese Transaktion bekommen haben □ **selbstverständlich**: natürlich □ **hältst ... Gans** *(oie)*: denkst du, ich bin dumm
aufrichtig: ehrlich

wenn es sich so ergeben sollte: wenn das Gespräch zufällig darauf kommen sollte □ **tatsächlich**: wirklich
abgewendet: verhindert □ **so Gott will**: wenn Gott will

glänzend steht: sehr gut läuft
trägt: bringt

nichts verlangen: kein Geld fordern
versichere dich: garantiere dir □ **es ... dabei**: das ist nicht schlimm; hat keine Konsequenzen
ernstlich überlegt: ernsthaft, wirklich lange darüber nachgedacht

muß das Geld da sein, Doktor F.‘ — Wer ist Doktor F.? Ach ja, Fiala. — ’ist unerbittlich. Natürlich ist da auch persönliche Rancune dabei. Aber da es sich unglücklicherweise um Mündelgelder handelt‘ — Um Gottes willen! Papa, was hast du getan? —, ’kann man nichts machen. Und wenn das Geld am fünften um zwölf Uhr mittags nicht in Fialas Händen ist, wird der Haftbefehl erlassen, vielmehr so lange hält der Baron Höning ihn noch zurück. Also Dorsday müßte die Summe telegraphisch durch seine Bank an Doktor F. überweisen lassen. Dann sind wir gerettet. Im andern Fall weiß Gott, was geschieht. Glaub’ mir, du vergibst dir nicht das Geringste, mein geliebtes Kind. Papa hatte ja anfangs Bedenken gehabt. Er hat sogar noch Versuche gemacht auf zwei verschiedenen Seiten. Aber er ist ganz verzweifelt nach Hause gekommen.‘ — Kann Papa überhaupt verzweifelt sein? — ’Vielleicht nicht einmal so sehr wegen des Geldes, als darum, weil die Leute sich so schändlich gegen ihn benehmen. Der eine von ihnen war einmal Papas bester Freund. Du kannst dir denken, wen ich meine.‘ — Ich kann mir gar nichts denken. Papa hat so viel beste Freunde gehabt und in Wirklichkeit keinen. Warnsdorf vielleicht? — ’Um ein Uhr ist Papa nach Hause gekommen, und jetzt ist es vier Uhr früh. Jetzt schläft er endlich, Gott sei Dank.‘ — Wenn er lieber nicht aufwachte, das wär’ das beste für ihn. — ’Ich gebe den Brief in aller früh selbst auf die Post, expreß, da mußt du ihn vormittags am dritten haben.‘ — Wie hat sich Mama das vorgestellt? Sie kennt sich doch in diesen Dingen nie aus. — ’Also sprich sofort mit Dorsday, ich beschwöre dich und telegraphiere sofort, wie es ausgefallen ist. Vor Tante Emma laß dir um Gottes willen nichts

unerbittlich: ohne Mitleid

Mündelgelder (pl.) < Mündel *(pupille)* + Gelder: Geld, Vermögen von Mündeln

einen Haftbefehl erlassen: *lancer un mandat d'arrêt*
hält ... zurück: informiert er nicht die Polizei

überweisen: schicken
gerettet: sind wir aus der schlimmen Situation heraus
geschieht (< geschehen): passiert □ **du ... Geringste**: du kompromittierst dich überhaupt nicht □ **anfangs**: zu Beginn
Bedenken: Skrupel (pl.) □ **Versuche** (pl.) < versuchen
auf ... Seiten: bei zwei Personen □ **verzweifelt**: sehr deprimiert
überhaupt: wirklich, eigentlich
nicht einmal so sehr: nicht eigentlich

schändlich: schlecht, infam □ **gegen ihn benehmen**: zu ihm sind
wen ich meine: an wen ich denke

in Wirklichkeit ...: aber keinen wirklichen, echten, wahren Freund

in aller früh: früh morgens
wie ... vorgestellt: wie hat M. sich das gedacht < denken
kennt ... aus: sie versteht nichts davon
□ **beschwöre dich**: flehe dich an, bitte dich sehr
wie ... ist: welches Ergebnis du erreicht hast
vor Tante E.: Tante E. gegenüber

merken, es ist ja traurig genug, daß man sich in einem solchen Fall an die eigene Schwester nicht wenden kann, aber da könnte man ja ebensogut zu einem Stein reden. Mein liebes, liebes Kind, mir tut es ja so leid, daß du in deinen jungen Jahren solche Dinge mitmachen mußt, aber glaub' mir, der Papa ist zum geringsten Teil selber daran schuld.' — Wer denn, Mama? — 'Nun, hoffen wir zu Gott, daß der Prozeß Erbesheimer in jeder Hinsicht einen Abschnitt in unserer Existenz bedeutet. Nur über diese paar Wochen müssen wir hinaus sein. Es wäre doch ein wahrer Hohn, wenn wegen der dreißigtausend Gulden ein Unglück geschähe?' — Sie meint doch nicht im Ernst, daß Papa sich selber... Aber wäre — das andere nicht noch schlimmer? — 'Nun schließe ich, mein Kind, ich hoffe, du wirst unter allen Umständen' — Unter allen Umständen? — 'noch über die Feiertage, wenigstens bis neunten oder zehnten in San Martino bleiben können. Unseretwegen mußt du keineswegs zurück. Grüße die Tante, sei nur weiter nett mit ihr. Also nochmals, sei uns nicht böse, mein liebes gutes Kind, und sei tausendmal' — ja, das weiß ich schon.

Also, ich soll Herrn Dorsday anpumpen... Irrsinnig. Wie stellt sich Mama das vor? Warum hat sich Papa nicht einfach auf die Bahn gesetzt und ist hergefahren? — Wär grad' so geschwind gegangen wie der Expreßbrief. Aber vielleicht hätten sie ihn auf dem Bahnhof wegen Fluchtverdacht —— Furchtbar, furchtbar! Auch mit den dreißigtausend wird uns ja nicht geholfen sein. Immer diese Geschichten! Seit sieben Jahren! Nein — länger. Wer möcht' mir das ansehen? Niemand sieht mir was an, auch dem Papa nicht. Und

laß ... merken: zeige nichts □ **man sich ... kann**: man die eigene S. nicht darum bitten kann
ebensogut: genausogut, auch
mir ... leid: ich bedaure ja so
mitmachen: ertragen
zum ... Teil: zum kleinsten Teil □ **selber**: selbst
daran schuld: dafür verantwortlich
in jeder Hinsicht: ganz und gar, wirklich
Abschnitt: Wende (f.) □ **über ... sein**: diese W. müssen wir hinter uns bringen
Hohn (m.): Ironie (f.)
geschähe < geschehen: passierte
im Ernst: wirklich
schließe: beende ich meinen Brief
unter allen Umständen: was auch immer geschehen mag, auf jeden Fall

unseretwegen: wegen uns, für uns, unseretwillen, unserethalben

nochmals: noch einmal □ **sei ... böse** (Imperativ »sein«): verzeihe uns

Herrn D. anpumpen: von Herrn D. Geld leihen □ **irrsinnig**: verrückt □ **hat sich ... gesetzt**: hat P. nicht den Zug genommen

grad' so: genau so □ **geschwind**: schnell

... Fluchtverdacht (m.): Die Polizei hätte ihn vielleicht verhaftet, weil sie den Verdacht *(soupçon)* hatte, daß er flüchten könnte

wer ... ansehen?: wer könnte das an mir bemerken?

doch wissen es alle Leute. Rätselhaft, daß wir uns immer noch halten. Wie man alles gewöhnt! Dabei leben wir eigentlich ganz gut. Mama ist wirklich eine Künstlerin. Das Souper am letzten Neujahrstag für vierzehn Personen — unbegreiflich. Aber dafür meine zwei Paar Ballhandschuhe, die waren eine Affäre. Und wie der Rudi neulich dreihundert Gulden gebraucht hat, da hat die Mama beinah' geweint. Und der Papa ist dabei immer gut aufgelegt. Immer? Nein. O nein. In der Oper neulich bei Figaro sein Blick, — plötzlich ganz leer — ich bin erschrocken. Da war er wie ein ganz anderer Mensch. Aber dann haben wir im Grand Hotel soupiert und er war so glänzend aufgelegt wie nur je. Und da halte ich den Brief in der Hand. Der Brief ist ja irrsinnig. Ich soll mit Dorsday sprechen? Zu Tod' würde ich mich schämen. —— Schämen, ich mich? Warum? Ich bin ja nicht schuld. — Wenn ich doch mit Tante Emma spräche? Unsinn. Sie hat wahrscheinlich gar nicht so viel Geld zur Verfügung. Der Onkel ist ja ein Geizkragen. Ach Gott, warum habe ich kein Geld? Warum hab' ich mir noch nichts verdient? Warum habe ich nichts gelernt? Oh, ich habe was gelernt! Wer darf sagen, daß ich nichts gelernt habe? Ich spiele Klavier, ich kann Französisch, Englisch, auch ein bißl Italienisch, habe kunstgeschichtliche Vorlesungen besucht — Haha! Und wenn ich schon was Gescheiteres gelernt hätte, was hülfe es mir? Dreißigtausend Gulden hätte ich mir keineswegs erspart. ——

Aus ist es mit dem Alpenglühen. Der Abend ist nicht mehr wunderbar. Traurig ist die Gegend. Nein, nicht die Gegend, aber das Leben ist traurig. Und ich sitz' da ruhig auf dem Fensterbrett. Und der Papa soll einge-

rätselhaft: unglaublich, unerklärlich (ein Wunder)

Künstlerin: z.B. eine Sängerin, Malerin sind Künstlerinnen
Neujahrstag (m.): der 1. Januar
unbegreiflich: unverständlich
Ballhandschuhe (pl.): *gants de soirée* □ **Affäre**: Problem (n.)

dabei: bei all dem, trotzdem
gut aufgelegt: guter Laune, fröhlich
leer ≠ voll
erschrocken < erschrecken: ich hatte plötzlich Angst

glänzend: sehr gut □ **wie nur je**: wie immer

zu Tod' ... schämen: vor Scham würde ich sterben

Unsinn (m.): Blödsinn, Wahnsinn
zur Verfügung: Disposition
Geizkragen (m.): Harpagon war ein Geizkragen
mir ... verdient: selbst verdient

bißl (süddt.): Bißchen, wenig
kunstgeschichtliche V.: Universitätskurse über Kunstgeschichte
was G.: etwas Intelligenteres
hülfe Konj. 2 (veralt.): würde ... helfen
erspart: gespart; Geld sparen ≠ Geld ausgeben
aus: vorbei, zu Ende
Gegend: Landschaft (f.)

eingesperrt: inhaftiert, ins Gefängnis gesteckt werden

sperrt werden. Nein. Nie und nimmer. Es darf nicht sein. Ich werde ihn retten. Ja, Papa, ich werde dich retten. Es ist ja ganz einfach. Ein paar Worte ganz nonchalant, das ist ja mein Fall, 'hochgemut', — haha, ich werde Herrn Dorsday behandeln, als wenn es eine Ehre für ihn wäre, uns Geld zu leihen. Es ist ja auch eine. — Herr von Dorsday, haben Sie vielleicht einen Moment Zeit für mich? Ich bekomme da eben einen Brief von Mama, sie ist in augenblicklicher Verlegenheit, — vielmehr der Papa —— 'Aber selbstverständlich, mein Fräulein, mit dem größten Vergnügen. Um wieviel handelt es sich denn?' — Wenn er mir nur nicht so unsympathisch wäre. Auch die Art, wie er mich ansieht. Nein, Herr Dorsday, ich glaube Ihnen Ihre Eleganz nicht und nicht Ihr Monokel und nicht Ihre Noblesse. Sie könnten ebensogut mit alten Kleidern handeln wie mit alten Bildern. — Aber Else! Else, was fällt dir denn ein. — Oh, ich kann mir das erlauben. Mir sieht's niemand an. Ich bin sogar blond, rötlichblond, und Rudi sieht absolut aus wie ein Aristokrat. Bei der Mama merkt man es freilich gleich, wenigstens im Reden. Beim Papa wieder gar nicht. Übrigens sollen sie es merken. Ich verleugne es durchaus nicht und Rudi erst recht nicht. Im Gegenteil. Was täte der Rudi, wenn der Papa eingesperrt würde? Würde er sich erschießen? Aber Unsinn! Erschießen und Kriminal, all die Sachen gibt's ja gar nicht, die stehn nur in der Zeitung.

Die Luft ist wie Champagner. In einer Stunde ist das Diner, das 'Dinner'. Ich kann die Cissy nicht leiden. Um ihr Mäderl kümmert sie sich überhaupt nicht. Was zieh' ich an? Das blaue oder das schwarze? Heut' wär vielleicht das schwarze richtiger. Zu dekolletiert? Toilette

nie und nimmer: niemals □ **es ... sein**: das ist unmöglich
retten: ihm aus dieser schrecklichen Lage heraushelfen

ich ... behandeln: ich werde zu Herrn D. sprechen

Geld zu leihen: einen Kredit zu geben

eben: gerade, in diesem Moment
ist in ... Verlegenheit: hat gerade kein Geld □ **vielmehr**: das heißt □ **mit ... Vergnügen**: mit der größten Freude

Art: Manier (f.)

mit ... handeln: alte K. kaufen und verkaufen
was fällt dir denn ein?: was erlaubst du dir?

rötlichblond: ein bißchen rotblond

freilich: dagegen □ **wenigstens**: zumindest

verleugne: verberge □ **durchaus**: überhaupt □ **erst recht nicht**: noch weniger
sich erschießen: sich mit einem Revolver töten
gibt's: gibt es

kann ... leiden: mag, liebe C. nicht
Mäderl (süddt.): kleines Mädchen, Tochter
das blaue: das blaue Kleid

de circonstance heißt es in den französischen Romanen. Jedenfalls muß ich berückend aussehen, wenn ich mit Dorsday rede. Nach dem Dinner, nonchalant. Seine Augen werden sich in meinen Ausschnitt bohren. Widerlicher Kerl. Ich hasse ihn. Alle Menschen hasse ich. Muß es gerade Dorsday sein? Gibt es denn wirklich nur diesen Dorsday auf der Welt, der dreißigtausend Gulden hat? Wenn ich mit Paul spräche? Wenn er der Tante sagte, er hat Spielschulden, — da würde sie sich das Geld sicher verschaffen können. —

Beinah schon dunkel. Nacht, Grabesnacht. Am liebsten möcht' ich tot sein. — Es ist ja gar nicht wahr. Wenn ich jetzt gleich hinunterginge, Dorsday noch vor dem Diner spräche? Ah, wie entsetzlich! — Paul, wenn du mir die dreißigtausend verschaffst, kannst du von mir haben, was du willst. Das ist ja schon wieder aus einem Roman. Die edle Tochter verkauft sich für den geliebten Vater, und hat am End' noch ein Vergnügen davon. Pfui Teufel! Nein, Paul, auch für dreißigtausend kannst du von mir nichts haben. Niemand. Aber für eine Million? — Für ein Palais? Für eine Perlenschnur? Wenn ich einmal heirate, werde ich es wahrscheinlich billiger tun. Ist es denn gar so schlimm? Die Fanny hat sich am Ende auch verkauft. Sie hat mir selber gesagt, daß sie sich vor ihrem Manne graust. Nun, wie wär's, Papa, wenn ich mich heute abend versteigerte? Um dich vor dem Zuchthaus zu retten. Sensation —! Ich habe Fieber, ganz gewiß. Oder bin ich schon unwohl? Nein, Fieber habe ich. Vielleicht von der Luft. Wie Champagner. — Wenn Fred hier wäre, könnte er mir raten? Ich brauche keinen Rat. Es gibt ja auch nichts zu raten. Ich werde mit Herrn Dorsday aus Eperies sprechen, werde

heißt es: schreibt man
jedenfalls: auf jeden Fall □ **berückend**: sehr reizvoll, verführerisch
Ausschnitt: Dekolleté □ **seine Augen ... bohren**: seine A. werden nur in meinen Ausschnitt sehen □ **hasse** ≠ liebe

Spielschulden: hat, wer z.B. am Roulette geliehenes Geld verloren hat □ **verschaffen**: herbeischaffen, finden
Grabesnacht: sehr dunkle Nacht, Tote legt man in ein Grab

entsetzlich: furchtbar

edle: noble, großzügige
pfui Teufel!: wie ekelhaft!

Perlenschnur: Perlenkette (f.)
wahrscheinlich: wohl □ **billiger tun**: für weniger machen

graust: ekelt
versteigerte: dem verkaufen würde, der am meisten Geld bietet
Zuchthaus (n.): Gefängnis (n.)
Fieber: erhöhte Temperatur; z.B. bei 40° Fieber ist man krank □ **bin ... unwohl?**: habe ich schon meine Regel?
raten: sagen, was ich tun soll
Rat (m.): Hilfe (f.)

ihn anpumpen, ich, die Hochgemute, die Aristokratin, die Marchesa, die Bettlerin, die Tochter des Defraudanten. Wie komm' ich dazu? Wie komm' ich dazu? Keine klettert so gut wie ich, keine hat so viel Schneid, — sporting girl, in England hätte ich auf die Welt kommen sollen, oder als Gräfin.

Da hängen die Kleider im Kasten! Ist das grüne Loden überhaupt schon bezahlt, Mama? Ich glaube nur eine Anzahlung. Das schwarze zieh' ich an. Sie haben mich gestern alle angestarrt. Auch der blasse kleine Herr mit dem goldenen Zwicker. Schön bin ich eigentlich nicht, aber interessant. Zur Bühne hätte ich gehen sollen. Bertha hat schon drei Liebhaber, keiner nimmt es ihr übel... In Düsseldorf war es der Direktor. Mit einem verheirateten Manne war sie in Hamburg und hat im Atlantic gewohnt, Appartement mit Badezimmer. Ich glaub' gar, sie ist stolz darauf. Dumm sind sie alle. Ich werde hundert Geliebte haben, tausend, warum nicht? Der Ausschnitt ist, nicht tief genug; wenn ich verheiratet wäre, dürfte er tiefer sein. — Gut, daß ich Sie treffe, Herr von Dorsday, ich bekomme da eben einen Brief aus Wien... Den Brief stecke ich für alle Fälle zu mir. Soll ich dem Stubenmädchen läuten? Nein, ich mache mich allein fertig. Zu dem schwarzen Kleid brauche ich niemanden. Wäre ich reich, würde ich nie ohne Kammerjungfer reisen.

Ich muß Licht machen. Kühl wird es. Fenster zu. Vorhang herunter? — Überflüssig. Steht keiner auf dem Berg drüben mit einem Fernrohr. Schade. — Ich bekomme da eben einen Brief, Herr von Dorsday. — Nach dem Dinner wäre es doch vielleicht besser. Man ist in leichterer Stimmung. Auch Dorsday — ich könnt ja

Bettlerin: Frau, die andere Leute um Geld bittet
Defraudant: Betrüger □ **wie komme ich dazu?**: warum sollte ich das tun? □ **Schneid** (m.): Mut (m.)

Gräfin: Komtesse
Kasten (m., österr.): Schrank (m.)
Loden: Kleid, Kostüm aus Lodenstoff
Anzahlung: nur ein Teil des Preises
angestarrt: mich fixiert □ **blasse**: mit weißer Haut
Zwicker (m.): kleine Brille
zur Bühne: zum Theater
Liebhaber (m.): Geliebter □ **nimmt ... übel**: stößt sich daran, kritisiert das

Atlantic: elegantes Hotel in Hamburg
gar: sogar □ **stolz darauf**: findet es gut und zeigt es
Geliebte (pl.): Liebhaber

dürfte Konjunktiv 2: könnte

stecke ...: nehme ... mit □ **für alle Fälle**: vorsichtshalber
Stubenmädchen: Zimmermädchen □ **läuten**: klingeln □ **mache ... fertig**: ziehe mich allein an
Kammerjungfer (f.): Kammermädchen (n.)

kühl: frisch
Vorhang (m.): hängt vor dem Fenster □ **überflüssig**: unnötig
Fernrohr: z.B. Planeten werden mit dem F. beobachtet

in leichterer Stimmung: heiterer, entspannter

ein Glas Wein vorher trinken. Aber wenn die Sache vor dem Diner abgetan wäre, würde mir das Essen besser schmecken. Pudding à la merveille, fromage et fruits divers. Und wenn Herr von Dorsday nein sagt? — Oder wenn er gar frech wird? Ah nein, mit mir ist noch keiner frech gewesen. Das heißt, der Marineleutnant Brandl, aber es war nicht bös gemeint. — Ich bin wieder etwas schlanker geworden. Das steht mir gut. — Die Dämmerung starrt herein. Wie ein Gespenst starrt sie herein. Wie hundert Gespenster. Aus meiner Wiese herauf steigen die Gespenster. Wie weit ist Wien! Wie lange bin ich schon fort? Wie allein bin ich da! Ich habe keine Freundin, ich habe auch keinen Freund. Wo sind sie alle? Wen werd' ich heiraten? Wer heiratet die Tochter eines Defraudanten? — Eben erhalte ich einen Brief, Herr von Dorsday. — 'Aber er ist doch gar nicht der Rede wert, Fräulein Else, gestern erst habe ich einen Rembrandt verkauft, Sie beschämen mich, Fräulein Else.' Und jetzt reißt er ein Blatt aus seinem Scheckbuch und unterschreibt mit seiner goldenen Füllfeder; und morgen früh fahr' ich mit dem Scheck nach Wien. Jedenfalls; auch ohne Scheck. Ich bleibe nicht mehr hier. Ich könnte ja gar nicht, ich dürfte ja gar nicht. Ich lebe hier als elegante junge Dame und Papa steht mit einem Fuß im Grab — nein im Kriminal. Das vorletzte Paar Seidenstrümpfe. Den kleinen Riß grad unterm Knie merkt niemand. Niemand? Wer weiß. Nicht frivol sein, Else. — Bertha ist einfach ein Luder. Aber ist die Christine um ein Haar besser? Ihr künftiger Mann kann sich freuen. Mama war gewiß immer eine treue Gattin. Ich werde nicht treu sein. Ich bin hochgemut, aber ich werde nicht treu sein. Die Filous sind mir gefährlich.

abgetan: abgeschlossen, vorbei, zu Ende

gar: etwa, vielleicht, sogar □ **frech**: unkorrekt

nicht bös gemeint: dachte nichts Schlechtes
schlanker: dünner □ **steht mir gut**: sieht gut an mir aus
Dämmerung: zwischen Tag und Nacht □ **starrt**: sieht
Gespenst (n.): z.B. das Gespenst von Canterbury
wie weit ist Wien! □ wie weit ist W. entfernt!
fort: weg

ist nicht der Rede wert: das ist doch eine lächerliche Kleinigkeit, gar nichts
beschämen: erniedrigen
reißt: nimmt ... heraus □ **Blatt** (n.): Scheck (m.)
Füllfeder (f.): z.B. Montblanc ist eine Marke von Füllfedern

steht ... im Grab: ist schon beinahe tot
Kriminal (n. österr. veralt.): Gefängnis
Riß (m.): eine Masche der Strümpfe ist kaputt □ **Knie** (n.): *genou*
Luder (n. ugs.): *dévergondée, garce*
um ein Haar: auch nur ein bißchen □ **künftiger**: zukünftiger
eine treue Gattin: betrügt ihren Mann nicht

mir gefährlich: eine Gefahr für mich

Die Marchesa hat gewiß einen Filou zum Liebhaber. Wenn Fred mich wirklich kennte, dann wäre es aus mit seiner Verehrung. — 'Aus Ihnen hätte alles Mögliche werden können, Fräulein, eine Pianistin, eine Buchhälterin, eine Schauspielerin, es stecken so viele Möglichkeiten in Ihnen. Aber es ist Ihnen immer zu gut gegangen.' Zu gut gegangen. Haha. Fred überschätzt mich. Ich hab' ja eigentlich zu nichts Talent. — Wer weiß? So weit wie Bertha hätte ich es auch noch gebracht. Aber mir fehlt es an Energie. Junge Dame aus guter Familie. Ha, gute Familie. Der Vater veruntreut Mündelgelder. Warum tust du mir das an, Papa? Wenn du noch etwas davon hättest! Aber an der Börse verspielt! Ist das der Mühe wert? Und die dreißigtausend werden dir auch nichts helfen. Für ein Vierteljahr vielleicht. Endlich wird er doch durchgehen müssen. Vor anderthalb Jahren war es ja fast schon soweit. Da kam noch Hilfe. Aber einmal wird sie nicht kommen — und was geschieht dann mit uns? Rudi wird nach Rotterdam gehen zu Vanderhulst in die Bank. Aber ich? Reiche Partie. Oh, wenn ich es darauf anlegte! Ich bin heute wirklich schön. Das macht wahrscheinlich die Aufregung. Für wen bin ich schön? Wäre ich froher, wenn Fred hier wäre? Ach, Fred ist im Grunde nichts für mich. Kein Filou! Aber ich nähme ihn, wenn er Geld hätte. Und dann käme ein Filou — und das Malheur wäre fertig. — Sie möchten wohl gern ein Filou sein, Herr von Dorsday? — Von weitem sehen Sie manchmal auch so aus. Wie ein verlebter Vicomte, wie ein Don Juan — mit Ihrem blöden Monokel und Ihrem weißen Flanellanzug. Aber ein Filou sind Sie noch lange nicht. — Habe ich alles? Fertig zum 'Dinner'? — Was tue ich aber eine Stunde lang, wenn

Verehrung: Achtung □ **aus ... können**: Sie hätten viel machen können □ **Buchhälterin**: *comptable*
Schauspielerin: spielt im Theater □ **stecken**: liegen, sind

überschätzt: denkt, daß ich mehr Talente habe als das wirklich der Fall ist □ **so weit ... gebracht**: was B. kann, hätte ich auch geschafft

veruntreut: unterschlägt
tust ... an: fügst ... zu □ **etwas davon hättest**: davon profitieren würdest □ **verspielt**: : verloren □ **ist das der Mühe wert**: lohnt sich das
Vierteljahr (n.): 3 Monate
durchgehen: ins Ausland fliehen □ **war ... soweit**: hat er es beinahe getan

darauf anlegte: wollte
Aufregung: Nervosität (f.)
im Grunde: letztlich, eigentlich

verlebter: verbrauchter, müder
blöden: dummen
Flanellanzug (m.): Anzug: Hose and Jacke

ich Dorsday nicht treffe? Wenn er mit der unglücklichen Frau Winawer spazierengeht? Ach, sie ist gar nicht unglücklich, sie braucht keine dreißigtausend Gulden. Also ich werde mich in die Halle setzen, großartig in einen Fauteuil, schau mir die Illustrated News an und die Vie parisienne, schlage die Beine übereinander, — den Riß unter dem Knie wird man nicht sehen. Vielleicht ist gerade ein Milliardär angekommen. — Sie oder keine. — Ich nehme den weißen Schal, der steht mir gut. Ganz ungezwungen lege ich ihn um meine herrlichen Schultern. Für wen habe ich sie denn, die herrlichen Schultern? Ich könnte einen Mann sehr glücklich machen. Wäre nur der rechte Mann da. Aber Kind will ich keines haben. Ich bin nicht mütterlich. Marie Weil ist mütterlich. Mama ist mütterlich, Tante Irene ist mütterlich. Ich habe eine edle Stirn und eine schöne Figur. — 'Wenn ich Sie malen dürfte, wie ich wollte, Fräulein Else.' — Ja, das möchte Ihnen passen. Ich weiß nicht einmal seinen Namen mehr. Tizian hat er keineswegs geheißen, also war es eine Frechheit. — Eben erhalte ich einen Brief, Herr von Dorsday. — Noch etwas Puder auf den Nacken und Hals, einen Tropfen Verveine ins Taschentuch, Kasten zusperren, Fenster wieder auf, ah, wie wunderbar! Zum Weinen. Ich bin nervös. Ach, soll man nicht unter solchen Umständen nervös sein. Die Schachtel mit dem Veronal hab' ich bei den Hemden. Auch neue Hemden brauchte ich. Das wird wieder eine Affäre sein. Ach Gott.

Unheimlich, riesig der Cimone, als wenn er auf mich herunterfallen wollte! Noch kein Stern am Himmel. Die Luft ist wie Champagner. Und der Duft von den Wiesen! Ich werde auf dem Land leben. Einen Gutsbe-

großartig: wie eine große Dame
Fauteuil (österr.): Sessel
schlage ... übereinander: lege die Beine ü., kreuze die Beine

Sie ... keine: Sie sind die Frau meines Lebens

ungezwungen: locker, leger, zwanglos
Schultern (pl.): *épaules*

rechte: richtige □ **Aber ... haben**: Aber ich will kein Kind haben □ **mütterlich** < Mutter

edle: noble □ **Stirn** (f.): *front* □ **Figur**: Körper (m.)
malen: ein Bild malen
das ... passen: das würde I. gefallen, das wäre Ihnen recht
Tizian: italienischer Maler, 15./16. Jahrhundert
Frechheit < frech

Nacken: hinterer Teil des Halses □ **Tropfen**: ein wenig
zusperren: zumachen, mit dem Schlüssel abschließen
zum Weinen: es ist so schön, daß man weinen könnte

Schachtel: Dose (f.) □ **Hemden** (pl.): zieht man unter den Kleidern an

unheimlich: schaurig, schrecklich □ **riesig**: sehr groß

Duft: guter Geruch (m.), Parfum (n.)
Gutsbesitzer < Gut (n.): große Landwirtschaft

sitzer werde ich heiraten und Kinder werde ich haben. Doktor Froriep war vielleicht der einzige, mit dem ich glücklich geworden wäre. Wie schön waren die beiden Abende hintereinander, der erste bei Kniep, und dann der auf dem Künstlerball. Warum ist er plötzlich verschwunden — wenigstens für mich? Wegen Papa vielleicht? Wahrscheinlich. Ich möchte einen Gruß in die Luft hinausrufen, ehe ich wieder hinuntersteige unter das Gesindel. Aber zu wem soll der Gruß gehen? Ich bin ja ganz allein. Ich bin ja so furchtbar allein, wie es sich niemand vorstellen kann. Sei gegrüßt, mein Geliebter. Wer? Sei gegrüßt, mein Bräutigam! Wer? Sei gegrüßt, mein Freund! Wer? — Fred? — Aber keine Spur. So, das Fenster bleibt offen. Wenn's auch kühl wird. Licht abdrehen. So. — Ja richtig, den Brief. Ich muß ihn zu mir nehmen für alle Fälle. Das Buch aufs Nachtkastel, ich lese heut' nacht noch weiter in 'Notre Cœur', unbedingt, was immer geschieht. Guten Abend, schönstes Fräulein im Spiegel, behalten Sie mich in gutem Angedenken, auf Wiedersehen...

Warum sperre ich die Tür zu? Hier wird nichts gestohlen. Ob Cissy in der Nacht ihre Türe offen läßt? Oder sperrt sie ihm erst auf, wenn er klopft? Ist es denn ganz sicher? Aber natürlich. Dann liegen sie zusammen im Bett. Unappetitlich. Ich werde kein gemeinsames Schlafzimmer haben mit meinem Mann und mit meinen tausend Geliebten. — Leer ist das ganze Stiegenhaus! Immer um diese Zeit. Meine Schritte hallen. Drei Wochen bin ich jetzt da. Am zwölften August bin ich von Gmunden abgereist. Gmunden war langweilig. Woher hat der Papa das Geld gehabt, Mama und mich aufs Land zu schicken? Und Rudi war sogar vier

hintereinander: die einer auf den anderen folgten
Künstlerball (m.): von Künstlern organisierter Ball
verschwunden (< verschwinden): nicht mehr zu sehen
Gruß: z.B. »guten Tag« ist ein Gruß
ehe: bevor □ **hinuntersteige**: hinuntergehe
Gesindel: Pack (n.), schlechte Leute

sei gegrüßt: ich grüße dich
Bräutigam (m.): Verlobter (m.)
keine Spur: überhaupt nicht

abdrehen: ausmachen
auf's: auf das □ **Nachtkastel** (österr.): kleiner Tisch neben dem Bett
unbedingt: absolut, auf jeden Fall
Spiegel: man sieht sich selbst im Spiegel □ **behalten ... Angedenken**: in guter Erinnerung

... gestohlen (< stehlen): hier nimmt niemand etwas weg
sperrt ... auf: macht ... auf □ **klopft**: mit dem Finger, damit sie hört, daß er vor der Tür ist
unappetitlich: ekelhaft □ **kein ... S.**: getrennt schlafen

Stiegenhaus: Treppenhaus (n.)
hallen: tönen, sind laut

abgereist: abgefahren □ **langweilig**: ohne Abwechslung, monoton

Wochen auf Reisen. Weiß Gott wo. Nicht zweimal hat er geschrieben in der Zeit. Nie werde ich unsere Existenz verstehen. Schmuck hat die Mama freilich keinen mehr. — Warum war Fred nur zwei Tage in Gmunden? Hat sicher auch eine Geliebte! Vorstellen kann ich es mir zwar nicht. Ich kann mir überhaupt gar nichts vorstellen. Acht Tage sind es, daß er mir nicht geschrieben hat. Er schreibt schöne Briefe. — Wer sitzt denn dort an dem kleinen Tisch? Nein, Dorsday ist es nicht. Gott sei Dank. Jetzt vor dem Diner wäre es doch unmöglich, ihm etwas zu sagen. — Warum schaut mich der Portier so merkwürdig an? Hat er am Ende den Expreßbrief von der Mama gelesen? Mir scheint, ich bin verrückt. Ich muß ihm nächstens wieder ein Trinkgeld geben. — Die Blonde da ist auch schon zum Diner angezogen. Wie kann man so dick sein! — Ich werde noch vor's Hotel hinaus und ein bißchen auf und abgehen. Oder ins Musikzimmer? Spielt da nicht wer? Eine Beethovensonate! Wie kann man hier eine Beethovensonate spielen! Ich vernachlässige mein Klavierspiel. In Wien werde ich wieder regelmäßig üben. Überhaupt ein anderes Leben anfangen. Das müssen wir alle. So darf es nicht weitergehen. Ich werde einmal ernsthaft mit Papa sprechen — wenn noch Zeit dazu sein sollte. Es wird, es wird. Warum habe ich es noch nie getan? Alles in unserem Haus wird mit Scherzen erledigt, und keinem ist scherzhaft zu Mut. Jeder hat eigentlich Angst vor dem andern, jeder ist allein. Die Mama ist allein, weil sie nicht gescheit genug ist und von niemandem was weiß, nicht von mir, nicht von Rudi und nicht vom Papa. Aber sie spürt es nicht und Rudi spürt es auch nicht. Er ist ja ein netter eleganter Kerl, aber mit einundzwanzig

weiß Gott wo: nur Gott weiß, wo er ist, sonst keiner

Schmuck (m.): Diamanten, Perlen, Ringe usw. □ **freilich**: allerdings
Geliebte: Liebhaberin
zwar: eigentlich, allerdings

unmöglich: nicht vorstellbar

merkwürdig: seltsam
mir scheint: ich glaube
nächstens: bald □ **Trinkgeld** (n.): bekommen Kellner u.s.w.
zum Diner angezogen: für das D. gekleidet
dick ≠ schlank, dünn
auf und abgehen: einige Schritte machen, hin und hergehen
wer: jemand, eine Person

vernachlässige mein Klavier: spiele nicht genug Klavier
regelmäßig: jeden Tag □ **üben**: trainieren, lernen

es wird: es wird noch Zeit dazu sein, es wird noch nicht zu spät sein
Scherzen (DAT. pl.): Bonmots □ **erledigt**: in Ordnung gebracht, abgetan □ **keinem ... Mut (zumute)**: niemand ist zu Scherzen aufgelegt, hat Lust zu Scherzen
was: etwas

spürt: fühlt
netter: freundlicher □ **Kerl**: Junge

hat er mehr versprochen. Es wird gut für ihn sein, wenn er nach Holland geht. Aber wo werde ich hingehen? Ich möchte fortreisen und tun können was ich will. Wenn Papa nach Amerika durchgeht, begleite ich ihn. Ich bin schon ganz konfus... Der Portier wird mich für wahnsinnig halten, wie ich da auf der Lehne sitze und in die Luft starre. Ich werde mir eine Zigarette anzünden. Wo ist meine Zigarettendose? Oben. Wo nur? Das Veronal habe ich bei der Wäsche. Aber wo habe ich die Dose? Da kommen Cissy und Paul. Ja, sie muß sich endlich umkleiden zum 'Dinner', sonst hätten sie noch im Dunkeln weitergespielt. — Sie sehen mich nicht. Was sagt er ihr denn? Warum lacht sie so blitzdumm ? Wär' lustig, ihrem Gatten einen anonymen Brief nach Wien zu schreiben. Wäre ich so was imstande? Nie. Wer weiß? Jetzt haben sie mich gesehen. Ich nicke ihnen zu. Sie ärgert sich, daß ich so hübsch aussehe. Wie verlegen sie ist.

»*Wie, Else, Sie sind schon fertig zum Diner?*« — Warum sagt sie jetzt Diner und nicht Dinner. Nicht einmal konsequent ist sie. — »Wie Sie sehen, Frau Cissy.« — »*Du siehst wirklich entzückend aus, Else, ich hätte große Lust, dir den Hof zu machen.*« — »Erspar' dir die Mühe, Paul, gib mir lieber eine Zigarette.« — »*Aber mit Wonne.*« — »Dank' schön. Wie ist das Single ausgefallen?« — »*Frau Cissy hat mich dreimal hintereinander geschlagen.*« — »*Er war nämlich zerstreut. Wissen Sie übrigens, Else, daß morgen der Kronprinz von Griechenland hier ankommt?*« — Was kümmert mich der Kronprinz von Griechenland? »So, wirklich?« O Gott, — Dorsday mit Frau Winawer! Sie grüßen. Sie gehen weiter. Ich habe zu höflich zurückgegrüßt. Ja,

hat ... versprochen (< versprechen): hat man mehr von ihm erwartet
fortreisen: wegfahren
begleite ich ihn: fahre ich mit ihm

wahnsinnig: verrückt, irrsinnig □ **Lehne** (f.): ein Sessel hat 2 (Arm) lehnen □ **anzünden**: anstecken
Zigarettendose: Zigarettenetui (n.)
Wäsche (f.): Unterwäsche

umkleiden: umziehen
im Dunkeln ≠ im Hellen
blitzdumm: sehr dumm
lustig: witzig □ **Gatten**: Ehemann
so ... imstande: zu so etwas fähig, könnte ich so etwas tun
nicke ... zu: grüße sie mit einem Zeichen
ärgert sich ≠ freut sich □ **verlegen**: befangen (sie geniert sich)

fertig: bcrcit

entzückend: sehr hübsch, schön
dir ... machen: dir die Cour zu machen □ **erspar' dir die Mühe**: das ist nicht notwendig
Wonne (f.): Vergnügen □ **wie ... ausgefallen**: wer hat das Tennisspiel gewonnen
zerstreut: unaufmerksam, er paßte nicht auf
Kronprinz: Thronfolger (m.)
was ... Griechenland: der K. von G. interessiert mich überhaupt nicht

höflich: formell, korrekt

ganz anders als sonst. Oh, was bin ich für eine Person. — »*Deine Zigarette brennt ja nicht, Else?*« — »Also, gib mir noch einmal Feuer. Danke.« — »*Ihr Schal ist sehr hübsch, Else, zu dem schwarzen Kleid steht er Ihnen fabelhaft. Übrigens muß ich mich jetzt auch umziehen.*« — Sie soll lieber nicht weggehen, ich habe Angst vor Dorsday. — »*Und für sieben habe ich mir die Friseurin bestellt, sie ist famos. Im Winter ist sie in Mailand. Also adieu, Else, adieu, Paul.*« — »*Küss' die Hand, gnädige Frau.*« — »Adieu, Frau Cissy.« — Fort ist sie. Gut, daß Paul wenigstens dableibt. »*Darf ich mich einen Moment zu dir setzen, Else, oder stör' ich dich in deinen Träumen?*« — »Warum in meinen Träumen? Vielleicht in meinen Wirklichkeiten.« Das heißt eigentlich gar nichts. Er soll lieber fortgehen. Ich muß ja doch mit Dorsday sprechen. Dort steht er noch immer mit der unglücklichen Frau Winawer, er langweilt sich, ich seh' es ihm an, er möchte zu mir herüberkommen. »*Gibt es denn solche Wirklichkeiten, in denen du nicht gestört sein willst?*« — Was sagt er da? Er soll zum Teufel gehen. Warum lächle ich ihn so kokett an? Ich mein' ihn ja gar nicht. Dorsday schielt herüber. Wo bin ich? Wo bin ich? »*Was hast du denn heute, Else?*« — »Was soll ich denn haben?« — »*Du bist geheimnisvoll, dämonisch, verführerisch.*« — »Red' keinen Unsinn, Paul.« »*Man könnte geradezu toll werden, wenn man dich ansieht.*« Was fällt ihm denn ein? Wie redet er denn zu mir? Hübsch ist er. Der Rauch meiner Zigarette verfängt sich in seinen Haaren. Aber ich kann ihn jetzt nicht brauchen. »*Du siehst so über mich hinweg. Warum denn, Else?*« — Ich antwortete gar nichts. Ich kann ihn nicht brauchen. Ich mache mein unausstehlichstes Gesicht. Nur keine Kon-

deine ... nicht: deine Z. ist ja nicht angezündet

fabelhaft: sehr gut, phantastisch

bestellt: kommen lassen □ **famos**: toll □ **Mailand**: große Stadt in Norditalien

stör': unterbreche
Träumen (pl.): während man schläft, hat man Träume
Wirklichkeit: Realität ≠ Traum □ **heißt**: bedeutet
ich muß ja doch: es bleibt mir nichts anderes übrig als ...

ich seh' ... an: ich merke es ihm an
herüberkommen: kommen
gestört < stören ≠ in Ruhe lassen
Teufel: Satan
mein' < meine: denke ja gar nicht an ihn
schielt herüber: sieht heimlich in meine Richtung

geheimnisvoll: rätselhaft, mysteriös □ **verführerisch**: verlockend
red' ... Unsinn: red' dummes Zeug
toll: verrückt

verfängt ... Haaren: bleibt an seinen Haaren hängen
du siehst ... hinweg: du siehst mich ja gar nicht an

unausstehlichstes: ekelhaftestes, unfreundlichstes

versation jetzt. — »*Du bist mit deinen Gedanken ganz woanders.*« — »Das dürfte stimmen.« Er ist Luft für mich. Merkt Dorsday, daß ich ihn erwarte? Ich sehe nicht hin, aber ich weiß, daß er hersieht. — »*Also, leb' wohl, Else.*« — Gott sei Dank. Er küßt mir die Hand. Das tut er sonst nie. »Adieu, Paul.« Wo hab' ich die schmelzende Stimme her? Er geht, der Schwindler. Wahrscheinlich muß er noch etwas abmachen mit Cissy wegen heute Nacht. Wünsche viel Vergnügen. Ich ziehe den Schal um meine Schulter und stehe auf und geh' vors Hotel hinaus. Wird freilich schon etwas kühl sein. Schad', daß ich meinen Mantel — Ah, ich habe ihn ja heute früh in die Portierloge hineingehängt. Ich fühle den Blick von Dorsday auf meinem Nacken, durch den Schal. Frau Winawer geht jetzt hinauf in ihr Zimmer. Wieso weiß ich denn das? Telepathie. »Ich bitte Sie, Herr Portier — « »*Fräulein wünschen den Mantel?*« — »Ja, bitte.« — »*Schon etwas kühl die Abende, Fräulein. Das kommt bei uns so plötzlich.*« — »Danke.« Soll ich wirklich vors Hotel? Gewiß, was denn? Jedenfalls zur Türe hin. Jetzt kommt einer nach dem andern. Der Herr mit dem goldenen Zwicker. Der lange Blonde mit der grünen Weste. Alle sehen sie mich an. Hübsch ist diese kleine Genferin. Nein, aus Lausanne ist sie. Es ist eigentlich gar nicht so kühl.

»*Guten Abend, Fräulein Else.*« — Um Gottes willen, er ist es. Ich sage nichts von Papa. Kein Wort. Erst nach dem Essen. Oder ich reise morgen nach Wien. Ich gehe persönlich zu Doktor Fiala. Warum ist mir das nicht gleich eingefallen? Ich wende mich um mit einem Gesicht, als wüßte ich nicht, wer hinter mir steht. »Ah, Herr von Dorsday.« — »*Sie wollen noch einen Spazier-*

du bist ... woanders: du denkst an etwas anderes

das ... stimmen: das ist sicher richtig □ **er ist L. für mich**: er existiert nicht für mich □ **ich ... hin, aber ... hersieht**: ich sehe nicht in seine Richtung, ... daß er zu mir hersieht □ **leb' wohl**: Adieu

wo hab' ... her: woher kommt

schmelzende: weiche □ **Schwindler**: Komödiant, Lügner (m.)

abmachen: arrangieren

wieso: woher; wie kommt es, daß ich das weiß

soll ich ... vors Hotel: soll ich vor das Hotel gehen?

was denn: was soll ich denn sonst tun

zur T. hin: gehe ich bis zur Türe

goldenen: aus Gold

Weste (f.): *gilet*

Genferin: sie kommt aus Genf in der Schweiz (G. liegt am Genfer See)

□ **... persönlich**: ich gehe selbst

warum ... eingefallen: warum bin ich nicht gleich auf die Idee gekommen □ **mit einem Gesicht**: mit einer Miene

als ... nicht: als ob ich es nicht wüßte < wissen

Spaziergang < spazierengehen

gang machen, Fräulein Else?« — »Ach, nicht gerade einen Spaziergang, ein bißchen auf und abgehen vor dem Diner.« — »*Es ist fast noch eine Stunde bis dahin.*« — »Wirklich?« Es ist gar nicht so kühl. Blau sind die Berge. Lustig wär's, wenn er plötzlich um meine Hand anhielte. — »*Es gibt doch auf der Welt keinen schöneren Fleck als diesen hier.*« — »Finden Sie, Herr von Dorsday? Aber bitte, sagen Sie nicht, daß die Luft hier wie Champagner ist.« — »*Nein, Fräulein Else, das sage ich erst von zweitausend Metern an. Und hier stehen wir kaum sechzehnhundertfünfzig über dem Meeresspiegel.*« — »Macht das einen solchen Unterschied?« — »*Aber selbstverständlich. Waren Sie schon einmal im Engadin?*« — »Nein, noch nie. Also dort ist die Luft wirklich wie Champagner?« — »*Man könnte es beinah' sagen. Aber Champagner ist nicht mein Lieblingsgetränk. Ich ziehe diese Gegend vor. Schon wegen der wundervollen Wälder.* — Wie langweilig er ist. Merkt er das nicht? Er weiß offenbar nicht recht, was er mit mir reden soll. Mit einer verheirateten Frau wäre es einfacher. Man sagt eine kleine Unanständigkeit und die Konversation geht weiter. — »*Bleiben Sie noch längere Zeit hier in San Martino, Fräulein Else?*« — Idiotisch. Warum schau' ich ihn so kokett an? Und schon lächelt er in der gewissen Weise. Nein, wie dumm die Männer sind. »Das hängt zum Teil von den Dispositionen meiner Tante ab.« Ist ja gar nicht wahr. Ich kann ja allein nach Wien fahren. »Wahrscheinlich bis zum zehnten.« — »*Die Mama ist wohl noch in Gmunden?*« — »Nein, Herr von Dorsday. Sie ist schon in Wien. Schon seit drei Wochen. Papa ist auch in Wien. Er hat sich heuer kaum acht Tage Urlaub genommen. Ich glaube, der Prozeß Erbesheimer macht

bis dahin : bis zum Diner

um ... anhielte : mir einen Heiratsantrag machte ; wollte daß ich ihn heirate
Fleck (m.) : Ort (m.)

von ... an : ab zweitausend Meter Höhe
kaum : noch nicht einmal □ **Meeresspiegel** < Spiegel : Niveau
einen ... Unterschied : ist das wirklich ganz anders ? so verschieden ? □ **selbstverständlich** : natürlich
Luft : z.B. in Paris ist die Luft verschmutzt (≠ sauber, gut)

Lieblingsgetränk : was man am liebsten trinkt □ **ziehe ... vor** : habe ... lieber □ **schon** : allein

offenbar : anscheinend □ **recht** : genau
einfacher : leichter
Unanständigkeit : etwas, das ein bißchen obszön ist

in der gewissen Weise : auf eine unanständige Art
das hängt ... ab : das kommt darauf an, was meine Tante bestimmt, beschließt

heuer (süddt.) : in diesem Jahr □ **Urlaub** (m.) : Ferien

ihm sehr viel Arbeit.« — »*Das kann ich mir denken. Aber Ihr Papa ist wohl der einzige, der Erbesheimer herausreißen kann... Es bedeutet ja schon einen Erfolg, daß es überhaupt eine Zivilsache geworden ist.*« — Das ist gut, das ist gut. »Es ist mir angenehm zu hören, daß auch Sie ein so günstiges Vorgefühl haben.« — »*Vorgefühl? Inwiefern?*« — »Ja, daß der Papa den Prozeß für Erbesheimer gewinnen wird.« — »*Das will ich nicht einmal mit Bestimmtheit behauptet haben.*« — Wie, weicht er schon zurück? Das soll ihm nicht gelingen. »Oh, ich halte etwas von Vorgefühlen und von Ahnungen. Denken Sie, Herr von Dorsday, gerade heute habe ich einen Brief von zu Hause bekommen.« Das war nicht sehr geschickt. Er macht ein etwas verblüfftes Gesicht. Nur weiter, nicht schlucken. Er ist ein guter alter Freund von Papa. Vorwärts. Vorwärts. Jetzt oder nie. »Herr von Dorsday, Sie haben eben so lieb von Papa gesprochen, es wäre geradezu häßlich von mir, wenn ich nicht ganz aufrichtig zu Ihnen wäre.« Was macht er denn für Kalbsaugen? O weh, er merkt was. Weiter, weiter. »Nämlich in dem Brief ist auch von Ihnen die Rede, Herr von Dorsday. Es ist nämlich ein Brief von Mama.« — »*So.*« — »Eigentlich ein sehr trauriger Brief. Sie kennen ja die Verhältnisse in unserem Haus, Herr von Dorsday.« — Um Himmels willen, ich habe ja Tränen in der Stimme. Vorwärts, vorwärts, jetzt gibt es kein Zurück mehr. Gott sei Dank. »Kurz und gut, Herr von Dorsday, wir wären wieder einmal so weit.« — Jetzt möchte er am liebsten verschwinden. »Es handelt sich — um eine Bagatelle. Wirklich nur um eine Bagatelle, Herr von Dorsday. Und doch, wie Mama schreibt, steht alles auf dem Spiel.« Ich rede so blöd'

der E. herausreißen kann: der E. helfen kann, den Prozess zu gewinnen □ **Erfolg**: gutes Resultat
Zivilsache: Zivilprozess (m.)

günstiges: gutes □ **Vorgefühl**: Ahnung (f.)
inwiefern: wie meinen Sie das?
gewinnen ≠ verlieren
Bestimmtheit (f.): Gewißheit □ **behauptet**: gesagt, geäußert
weicht ... zurück ...: distanziert er sich schon □ **das ... gelingen**: das soll er nicht schaffen □ **halte etw. von V.**: glaube an Vorgegühle

geschickt: klug □ **verblüfftes**: erstauntes, perplexes
nicht schlucken: weitersprechen
vorwärts: weiter
lieb: nett, freundlich
häßlich ≠ nett

o weh: mein Gott
nämlich: das heißt □ **in dem Brief ... Rede**: der Brief spricht auch von Ihnen
so: ach so
traurig ≠ lustig □ **Verhältnisse** (pl.): Situation (f.)
um H. willen: mein Gott, schrecklich
Tränen: T. weint man □ **vorwärts**: weiter
kurz und gut: kurz gesagt
wir ... weit: wir haben wieder einmal ein finanzielles Problem

steht ... Spiel: riskieren wir alles

daher wie eine Kuh. — »*Aber beruhigen Sie sich doch, Fräulein Else.*« — Das hat er nett gesagt. Aber meinen Arm braucht er darum nicht zu berühren. — »*Also, was gibt's denn eigentlich, Fräulein Else? Was steht denn in dem traurigen Brief von Mama!*« — »Herr von Dorsday, der Papa« — Mir zittern die Knie. »Die Mama schreibt mir, daß der Papa« — »*Aber um Gottes willen, Else, was ist Ihnen denn? Wollen Sie nicht lieber — hier ist eine Bank. Darf ich Ihnen den Mantel umgeben? Es ist etwas kühl.*« — »Danke, Herr von Dorsday, oh, es ist nichts, gar nichts besonderes.« So, da sitze ich nun plötzlich auf der Bank. Wer ist die Dame, die da vorüber kommt? Kenn' ich gar nicht. Wenn ich nur nicht weiterreden müßte. Wie er mich ansieht! Wie konntest du das von mir verlangen, Papa? Das war nicht recht von dir, Papa. Nun ist es einmal geschehen. Ich hätte bis nach dem Diner warten sollen. — »*Nun, Fräulein Else?*« — Sein Monokel baumelt. Dumm sieht das aus. Soll ich ihm antworten? Ich muß ja. Also geschwind, damit ich es hinter mir habe. Was kann mir denn passieren? Er ist ein Freund von Papa. »Ach Gott, Herr von Dorsday, Sie sind ja ein alter Freund unseres Hauses.« Das habe ich sehr gut gesagt. »Und es wird Sie wahrscheinlich nicht wundern, wenn ich Ihnen erzähle, daß Papa sich wieder einmal in einer recht fatalen Situation befindet.« Wie merkwürdig meine Stimme klingt. Bin das ich, die da redet? Träume ich vielleicht? Ich habe gewiß jetzt auch ein ganz anderes Gesicht als sonst. — »*Es wundert mich allerdings nicht übermäßig. Da haben Sie schon recht, liebes Fräulein Else, — wenn ich es auch lebhaft bedauere.*« — Warum sehe ich denn so flehend zu ihm auf? Lächeln, lächeln. Geht schon. — »*Ich empfinde für*

Kuh: Mutter vom Kalb □ **beruhigen ... doch**: regen Sie sich doch nicht so auf
zu berühren: anzufassen

zittern: man zittert vor Angst oder vor Kälte

was ... denn: was haben Sie denn?
umgeben: um die Schultern legen

besonderes: ernstes, schlimmes

recht: gur, richtig

baumelt: hängt herunter (und bewegt sich)
damit ich es hinter mir habe: damit ich fertig bin

unseres Hauses: unserer Familie

wundern: erstaunen
recht: ziemlich

als sonst: als gewöhnlich, als normal
allerdings: in der Tat □ **übermäßig**: besonders, sehr
lebhaft: wirklich sehr
flehend: bittend
geht schon: ich schaffe es wohl □ **empfinde**: fühle

Ihren Papa eine so aufrichtige Freundschaft, für Sie alle. « — Er soll mich nicht so ansehen, es ist unanständig. Ich will anders zu ihm reden und nicht lächeln. Ich muß mich würdiger benehmen. » Nun, Herr von Dorsday, jetzt hätten Sie Gelegenheit, Ihre Freundschaft für meinen Vater zu beweisen. « Gott sei Dank, ich habe meine alte Stimme wieder. » Es scheint nämlich, Herr von Dorsday, daß alle unsere Verwandten und Bekannten — die Mehrzahl ist noch nicht in Wien — sonst wäre Mama wohl nicht auf die Idee gekommen. — Neulich habe ich nämlich zufällig in einem Brief an Mama Ihrer Anwesenheit hier in Martino Erwähnung getan — unter anderm natürlich. « » *Ich vermutete gleich, Fräulein Else, daß ich nicht das einzige Thema Ihrer Korrespondenz mit Mama vorstelle.* « — Warum drückt er seine Knie an meine, während er da vor mir steht. Ach, ich lasse es mir gefallen. Was tut's ! Wenn man einmal so tief gesunken ist. — » Die Sache verhält sich nämlich so. Doktor Fiala ist es, der diesmal dem Papa besondere Schwierigkeiten zu bereiten scheint. « — » *Ach, Doktor Fiala.* « — Er weiß offenbar auch, was er von diesem Fiala zu halten hat. » Ja, Doktor Fiala. Und die Summe, um die es sich handelt, soll am fünften, das ist übermorgen um zwölf Uhr mittag, — vielmehr, sie muß in seinen Händen sein, wenn nicht der Baron Höning — ja, denken Sie, der Baron hat Papa zu sich bitten lassen, privat, er liebt ihn nämlich sehr. « Warum red' ich denn von Höning, das wär' ja gar nicht notwendig gewesen. — » *Sie wollen sagen, Else, daß andernfalls eine Verhaftung unausbleiblich wäre?* « — Warum sagt er das so hart ? Ich antworte nicht, ich nicke nur. » Ja. « Nun habe ich doch ja gesagt. » *Hm, das ist ja schlimm, das ist ja*

aufrichtige: ehrliche, echte

würdiger: ruhiger und beherrschter □ **benehmen**: verhalten
Gelegenheit (f.): Möglichkeit (f.), Anlaß (m.)
beweisen: zeigen
alte S. wieder: normale S. wiedergefunden
Bekannten (pl.): Freunde
Mehrzahl: die meisten
wohl: sicher, gewiß
zufällig < Zufall
Ihrer Anwesenheit ... getan (veralt.): erwähnt (geschrieben), daß Sie hier sind □ **vermutete**: ahnte, dachte < denken

vorstelle: bin, darstelle □ **drückt**: preßt

ich ... gefallen: ich tue nichts dagegen
gesunken < sinken: gefallen □ **verhält sich**: steht, ist

Schwierigkeiten (pl.): Probleme □ **bereiten**: machen

halten: denken

übermorgen: in 2 Tagen □ **vielmehr**: genauer, das heißt

andernfalls: sonst □ **Verhaftung**: Festnahme
unausbleiblich: nicht zu umgehen
hart ≠ weich, nett, verständnisvoll

wirklich sehr — dieser hochbegabte geniale Mensch. — Und um welchen Betrag handelt es sich denn eigentlich, Fräulein Else? « — Warum lächelt er denn? Er findet es schlimm und er lächelt. Was meint er mit seinem Lächeln? Daß es gleichgültig ist, wieviel? Und wenn er nein sagt! Ich bring' mich um, wenn er nein sagt. Also, ich soll die Summe nennen. » Wie, Herr von Dorsday, ich habe noch nicht gesagt, wieviel? Eine Million « Warum sag' ich das? Es ist doch jetzt nicht der Moment zum Spassen? Aber wenn ich ihm dann sage, um wieviel weniger es in Wirklichkeit ist, wird er sich freuen. Wie er die Augen aufreißt? Hält er es am Ende wirklich für möglich, daß ihn der Papa um eine Million — » Entschuldigen Sie, Herr von Dorsday, daß ich in diesem Augenblick scherze. Es ist mir wahrhaftig nicht scherzhaft zumute. « — Ja, ja, drück' die Knie nur an, du darfst es dir ja erlauben. » Es handelt sich natürlich nicht um eine Million, es handelt sich im ganzen um dreißigtausend Gulden, Herr von Dorsday, die bis übermorgen mittag um zwölf Uhr in den Händen des Herrn Doktor Fiala sein müssen. Ja Mama schreibt mir, daß Papa alle möglichen Versuche gemacht hat, aber wie gesagt, die Verwandten, die in Betracht kämen, befinden sich nicht in Wien. « — O Gott, wie ich mich erniedrige. — » Sonst wäre es dem Papa natürlich nicht eingefallen, sich an Sie zu wenden, Herr von Dorsday, respektive mich zu bitten — « — Warum schweigt er? Warum bewegt er keine Miene? Warum sagt er nicht ja? Wo ist das Scheckbuch und die Füllfeder? Er wird doch um Himmels willen nicht nein sagen? Soll ich mich auf die Knie vor ihm werfen? O Gott! O Gott —

» *Am fünften sagten Sie, Fräulein Else?* « — Gott sei

hochbegabte: sehr talentierte
Betrag (m.): Summe

was meint ... Lächeln: was will er mit seinem L. sagen
gleichgültig: unwichtig, egal
bring' mich um: töte mich
nennen (nannte, genannt): sagen

Spassen: Scherzen, Lachen

aufreißt: was für große Augen er macht

Augenblick (m.): Moment (m.) □ **scherze**: spaße □ **es ... zumute**: ich habe keine Lust zu scherzen, Witze zu machen

Papa ... hat: P. alles versucht hat, was er konnte
die in Betracht kämen < kommen Konjunktiv 2: an die man sich wenden könnte □ **erniedrige**: demütige

sich ... zu wenden: Sie zu bitten
schweigt (ie, ie): sagt er nichts
bewegt er keine Miene: ist sein Gesicht ausdruckslos

auf ... werfen: vor ihm hinknien

Dank, er spricht. »Jawohl übermorgen, Herr von Dorsday, um zwölf Uhr mittags. Es wäre also nötig — ich glaube, brieflich ließe sich das kaum mehr erledigen.« — »*Natürlich nicht, Fräulein Else, das müßten wir wohl auf telegraphischem Wege*« — 'Wir', das ist gut, das ist sehr gut. — »*Nun, das wäre das wenigste. Wieviel sagten Sie, Else?*« — Aber er hat es ja gehört, warum quält er mich denn? »Dreißigtausend, Herr von Dorsday. Eigentlich eine lächerliche Summe.« Warum habe ich das gesagt? Wie dumm. Aber er lächelt. Dummes Mädel, denkt er. Er lächelt ganz liebenswürdig. Papa ist gerettet. Er hätte ihm auch fünfzigtausend geliehen, und wir hätten uns allerlei anschaffen können. Ich hätte mir neue Hemden gekauft. Wie gemein ich bin. So wird man. — »*Nicht ganz so lächerlich, liebes Kind*« — Warum sagt er 'liebes Kind'? Ist das gut oder schlecht? — »*wie Sie sich das vorstellen. Auch dreißigtausend Gulden wollen verdient sein.*« — »Entschuldigen Sie, Herr von Dorsday, nicht so habe ich es gemeint. Ich dachte nur, wie traurig es ist, daß Papa wegen einer solchen Summe, wegen einer solchen Bagatelle« — Ach Gott, ich verhasple mich ja schon wieder. »Sie können sich gar nicht denken, Herr von Dorsday, — wenn Sie auch einen gewissen Einblick in unsere Verhältnisse haben, wie furchtbar es für mich und besonders für Mama ist« — Er stellt den einen Fuß auf die Bank. Soll das elegant sein — oder was? — »*Oh, ich kann mir schon denken, liebe Else.*« — Wie seine Stimme klingt, ganz anders, merkwürdig. — »*Und ich habe mir selbst schon manches Mal gedacht: schade, schade um diesen genialen Menschen.*« — Warum sagt er 'Schade'? Will er das Geld nicht hergeben? Nein, er meint es nur im

nötig: notwendig
brieflich ... erledigen: mit einem Brief könnte man das kaum mehr regeln, in Ordnung bringen
auf ... Wege: mit einem Telegramm

quält: ist er so grausam (sadistisch) zu mir
lächerliche: kleine

liebenswürdig: freundlich, nett

allerlei: manches, einiges □ **anschaffen**: kaufen
gemein: infam

wollen ... sein: müssen verdient werden

verhaspele mich: mache Fehler, bringe alles durcheinander
wenn ... E. haben: wenn Sie auch unsere finanzielle Situation ziemlich gut kennen
furchtbar: schrecklich

... schon denken: das weiß ich wohl
merkwürdig: seltsam

allgemeinen. Warum sagt er nicht endlich ja? Oder nimmt er das als selbstverständlich an? Wie er mich ansieht! Warum spricht er nicht weiter? Ah, weil die zwei Ungarinnen vorbeigehen. Nun steht er wenigstens wieder anständig da, nicht mehr mit dem Fuß auf der Bank. Die Krawatte ist zu grell für einen älteren Herrn. Sucht ihm die seine Geliebte aus? Nichts besonders Feines 'unter uns', schreibt Mama. Dreißigtausend Gulden! Aber ich lächle ihn ja an. Warum lächle ich denn? Oh, ich bin feig. — »*Und wenn man wenigstens annehmen dürfte, mein liebes Fräulein Else, daß mit dieser Summe wirklich etwas getan wäre? Aber — Sie sind doch ein so kluges Geschöpf, Else, was wären diese dreißigtausend Gulden? Ein Tropfen auf einen heißen Stein.*« — Um Gottes willen, er will das Geld nicht hergeben? Ich darf kein so erschrockenes Gesicht machen. Alles steht auf dem Spiel. Jetzt muß ich etwas Vernünftiges sagen und energisch. »O nein, Herr von Dorsday, diesmal wäre es kein Tropfen auf einen heißen Stein. Der Prozeß Erbesheimer steht bevor, vergessen Sie das nicht, Herr von Dorsday, und der ist schon heute so gut wie gewonnen. Sie hatten ja selbst diese Empfindung, Herr von Dorsday. Und Papa hat auch noch andere Prozesse. Und außerdem habe ich die Absicht, Sie dürfen nicht lachen, Herr von Dorsday, mit Papa zu sprechen, sehr ernsthaft. Er hält etwas auf mich. Ich darf sagen, wenn jemand einen gewissen Einfluß auf ihn zu nehmen imstande ist, so bin es noch am ehesten ich.« — »*Sie sind ja ein rührendes, ein entzückendes Geschöpf, Fräulein Else.*« — Seine Stimme klingt schon wieder. Wie zuwider ist mir das, wenn es so zu klingen anfängt bei den Männern. Auch bei Fred mag ich es nicht. —

im allgemeinen : überhaupt (meint nicht speziell diese Situation jetzt)

Ungarinnen (pl.) : kommen aus Ungarn, vielleicht aus Budapest

grell : bunt

feige ≠ mutig
annehmen : glauben, meinen □ **mit ... getan wäre :** diese Summe etwas ändern, bewirken würde
Geschöpf (n.) : Wesen (n.), Person (f.)
ein T. auf einen heißen Stein : nichts, so gut wie nichts

steht bevor : beginnt bald
so gut wie : praktisch, sozusagen
Empfindung : Eindruck (m.)

Absicht : Plan (m.), will ich

er hält etwas auf mich : glaubt mir, hört auf mich, schätzt mich, hat eine gute Meinung von mir
am ehesten : mehr als die anderen
rührendes : süßes □ **entzückendes :** reizendes
klingt : vibriert, hat einen besonderen Klang
zuwider : ekelhaft

»*Ein entzückendes Geschöpf in der Tat.*« — Warum sagt er 'in der Tat'? Das ist abgeschmackt. Das sagt man doch nur im Burgtheater. — »*Aber so gern ich Ihren Optimismus teilen möchte — wenn der Karren einmal so verfahren ist.*« — »Das ist er nicht, Herr von Dorsday. Wenn ich an Papa nicht glauben würde, wenn ich nicht ganz überzeugt wäre, daß diese dreißigtausend Gulden« — Ich weiß nicht, was ich weiter sagen soll. Ich kann ihn doch nicht geradezu anbetteln. Er überlegt. Offenbar. Vielleicht weiß er die Adresse von Fiala nicht? Unsinn. Die Situation ist unmöglich. Ich sitze da wie eine arme Sünderin. Er steht vor mir und bohrt mir das Monokel in die Stirn und schweigt. Ich werde aufstehen, das ist das beste. Ich lasse mich nicht so behandeln. Papa soll sich umbringen. Ich werde mich auch umbringen. Eine Schande, dieses Leben. Am besten wär's, sich dort von dem Felsen hinunterzustürzen und aus wär's. Geschähe euch recht, allen. Ich stehe auf. — »*Fräulein Else*« — »Entschuldigen Sie, Herr von Dorsday, daß ich Sie unter diesen Umständen überhaupt bemüht habe. Ich kann Ihr ablehnendes Verhalten natürlich vollkommen verstehen.« — So, aus, ich gehe. — »*Bleiben Sie, Fräulein Else.*« — Bleiben Sie, sagt er? Warum soll ich bleiben? Er gibt das Geld her. Ja. Ganz bestimmt. Er muß ja. Aber ich setze mich nicht noch einmal nieder. Ich bleibe stehen, als wär' es nur für eine halbe Sekunde. Ich bin ein bißchen größer als er. — »*Sie haben meine Antwort noch nicht abgewartet, Else. Ich war ja schon einmal, verzeihen Sie, Else, daß ich das in diesem Zusammenhang erwähne*« — Er müßte nicht so oft Else sagen — »*in der Lage, dem Papa aus einer Verlegenheit zu helfen. Allerdings mit einer — noch*

in der Tat: wirklich
abgeschmackt: lächerlich, nichtssagend
Burgtheater (n.): Theater in Wien (etwa wie die « *Comédie française* ») □ **der Karren ... ist:** die Situation so schlecht steht

überzeugt: sicher

geradezu: richtig □ **anbetteln:** ihn um dieses Geld bitten, wie eine Bettlerin

Sünderin: *pêcheresse* □ **bohrt:** sticht, preßt mir

ich ... behandeln: ich lasse das nicht mit mir machen
umbringen: Selbstmord machen, begehen
Schande: *la honte*
sich ... Felsen hinunterzustürzen: dort von dem großen Stein zu springen □ **aus:** vorbei □ **geschähe** (< geschehen): **euch recht:** wäre die richtige Strafe für euch
unter diesen Umständen (pl.): wenn die Sache so ist
bemüht: gebeten < bitten □ **ablehnendes:** negatives
vollkommen: ganz □ **so, aus:** genug, Schluß

bestimmt: sicher □ **setze ... nieder:** (auf die Bank) hin

Zusammenhang (m.): Kontext □ **erwähne:** sage
aus einer V. zu helfen: aus der Not zu helfen
allerdings: zwar

lächerlicheren Summe als diesmal, und schmeichelte mir keineswegs mit der Hoffnung, diesen Betrag jemals wiedersehen zu dürfen, — und so wäre eigentlich kein Grund vorhanden, meine Hilfe diesmal zu verweigern. Und gar wenn ein junges Mädchen wie Sie, Else, wenn Sie selbst als Fürbitterin vor mich hintreten — « — Worauf will er hinaus? Seine Stimme 'klingt' nicht mehr. Oder anders! Wie sieht er mich denn an? Er soll achtgeben!! — »*Also, Else, ich bin bereit — Doktor Fiala soll übermorgen um zwölf Uhr mittags die dreißigtausend Gulden haben — unter einer Bedingung.* « — Er soll nicht weiterreden, er soll nicht. »Herr von Dorsday, ich, ich persönlich übernehme die Garantie, daß mein Vater diese Summe zurückerstatten wird, sobald er das Honorar von Erbesheimer erhalten hat. Erbesheimers haben bisher überhaupt noch nichts gezahlt. Noch nicht einmal einen Vorschuß — Mama selbst schreibt mir« — »*Lassen Sie doch, Else, man soll niemals eine Garantie für einen anderen Menschen übernehmen, — nicht einmal für sich selbst.* « — Was will er? Seine Stimme klingt schon wieder. Nie hat mich ein Mensch so angeschaut. Ich ahne, wo er hinaus will. Wehe ihm! — »*Hätte ich es vor einer Stunde für möglich gehalten, daß ich in einem solchen Falle überhaupt mir jemals einfallen lassen würde, eine Bedingung zu stellen? Und nun tue ich es doch. Ja, Else, man ist eben nur ein Mann, und es ist nicht meine Schuld, daß Sie so schön sind, Else.* « — Was will er? Was will er —? — »*Vielleicht hätte ich heute oder morgen das Gleiche von Ihnen erbeten, was ich jetzt erbitten will, auch wenn Sie nicht eine Million, pardon — dreißigtausend Gulden von mir gewünscht hätten. Aber freilich, unter anderen Umständen hätten Sie mir wohl*

schmeichelte ... Hoffnung: dachte nie daran
keineswegs: ganz und gar nicht, überhaupt nicht □ **jemals**: eines Tages
... vorhanden: es gibt keinen G. □ **zu verweigern**: abzulehnen
gar: besonders
Fürbitterin: *médiatrice* □ **worauf will er hinaus**: was hat er vor, was will er
achtgeben: vorsichtig sein, aufpassen

Bedingung (f.): Voraussetzung (f.)

zurückerstatten: zurückgeben
erhalten: bekommen
bisher: bis jetzt
Vorschuß: Vorauszahlung (f.)

ahne: sehe voraus, fühle □ **wehe ihm**: er soll achtgeben
für ... gehalten: daran gedacht, daß es möglich ist
mir ... einfallen lassen würde: darauf käme, daran dächte

es ist nicht meine Schuld: ich kann nichts dafür

vielleicht ... erbeten (geh.): vielleicht hätte ich Sie um dasselbe gebeten

freilich: natürlich, gewiß

kaum Gelegenheit vergönnt, so lange Zeit unter vier Augen mit Ihnen zu reden. « — » Oh, ich habe Sie wirklich allzu lange in Anspruch genommen, Herr von Dorsday. « Das habe ich gut gesagt. Fred wäre zufrieden. Was ist das? Er faßt nach meiner Hand? Was fällt ihm denn ein? — » *Wissen Sie es denn nicht schon lange, Else.* « — Er soll meine Hand loslassen! Nun, Gott sei Dank, er läßt sie los. Nicht so nah, nicht so nah. — » *Sie müßten keine Frau sein, Else, wenn Sie es nicht gemerkt hätten. Je vous désire.* « — Er hätte es auch deutsch sagen können, der Herr Vicomte. — » *Muß ich noch mehr sagen?* « — » Sie haben schon zu viel gesagt, Herr Dorsday. « Und ich stehe noch da. Warum denn? Ich gehe, ich gehe, ohne Gruß. » *Else! Else!* « — Nun ist er wieder neben mir. — » *Verzeihen Sie mir, Else. Auch ich habe nur einen Scherz gemacht, geradeso wie Sie vorher mit der Million. Auch meine Forderung stelle ich nicht so hoch — als Sie gefürchtet haben, wie ich leider sagen muß, — so daß die geringere Sie vielleicht angenehm überraschen wird. Bitte, bleiben Sie doch stehen, Else.* « — Ich bleibe wirklich stehen. Warum denn? Da stehen wir uns gegenüber. Hätte ich ihm nicht einfach ins Gesicht schlagen sollen? Wäre nicht noch jetzt Zeit dazu? Die zwei Engländer kommen vorbei. Jetzt wäre der Moment. Gerade darum. Warum tu' ich es denn nicht? Ich bin feig, ich bin zerbrochen, ich bin erniedrigt. Was wird er nun wollen statt der Million? Einen Kuß vielleicht? Darüber ließe sich reden. Eine Million zu dreißigtausend verhält sich wie ——. Komische Gleichungen gibt es. — » *Wenn Sie wirklich einmal eine Million brauchen sollten, Else, — ich bin zwar kein reicher Mann, dann wollen wir sehen. Aber für diesmal will ich genügsam sein, wie Sie. Und für*

vergönnt: gegeben
allzu: viel zu sehr
in Anspruch genommen (< nehmen): aufgehalten

faßt ... H.: will meine H. nehmen

loslassen: freilassen
nah ≠ weit □ **Sie müßten ... sein**: Sie wären keine Frau

ohne Gruß: ohne »auf Wiedersehen« zu sagen, ohne mich zu verabschieden

geradeso: genauso
Forderung: Anspruch (m.) □ **stelle ... hoch**: ist nicht so hoch

geringere: kleinere

darum: deshalb, deswegen

zerbrochen (< zerbrechen): habe keinen Willen mehr □ **erniedrigt**: gedemütigt □ **darüber ... reden**: darüber könnte man nachdenken, verhandeln □ **verhält sich**: steht im Verhältnis zu, das ist so wie □ **Gleichungen** (pl.): Rechnungen *(équations)*

genügsam: bescheiden

diesmal will ich nichts anderes, Else, als — Sie sehen. « — Ist er verrückt? Er sieht mich doch. — Ah, so meint er das, so! Warum schlage ich ihm nicht ins Gesicht, dem Schuften! Bin ich rot geworden oder blaß? Nackt willst du mich sehen? Das möchte mancher. Ich bin schön, wenn ich nackt bin. Warum schlage ich ihm nicht ins Gesicht? Riesengroß ist sein Gesicht. Warum so nah, du Schuft? Ich will deinen Atem nicht auf meinen Wangen. Warum lasse ich ihn nicht einfach stehen? Bannt mich sein Blick? Wir schauen uns ins Auge wie Todfeinde. Ich möchte ihm Schuft sagen, aber ich kann nicht. Oder will ich nicht? — »*Sie sehen mich an, Else, als wenn ich verrückt wäre. Ich bin es vielleicht ein wenig, denn es geht ein Zauber von Ihnen aus, Else, den Sie selbst wohl nicht ahnen. Sie müssen fühlen, Else, daß meine Bitte keine Beleidigung bedeutet. Ja, 'Bitte' sage ich, wenn sie auch einer Erpressung zum Verzweifeln ähnlich sieht. Aber ich bin kein Erpresser, ich bin nur ein Mensch, der mancherlei Erfahrungen gemacht hat, — unter andern die, daß alles auf der Welt seinen Preis hat und daß einer, der sein Geld verschenkt, wenn er in der Lage ist, einen Gegenwert dafür zu bekommen, ein ausgemachter Narr ist. Und — was ich mir diesmal kaufen will, Else, soviel es auch ist, Sie werden nicht ärmer dadurch, daß Sie es verkaufen. Und daß es ein Geheimnis bleiben würde zwischen Ihnen und mir, das schwöre ich Ihnen, Else, bei — bei all den Reizen, durch deren Enthüllung Sie mich beglücken würden.* « — Wo hat er so reden gelernt? Es klingt wie aus einem Buch. — »*Und ich schwöre Ihnen auch, daß ich — von der Situation keinen Gebrauch machen werde, der in unserem Vertrag nicht vorgesehen war. Nichts anderes verlange ich von Ihnen, als eine Viertelstunde dastehen*

verrückt: wahnsinnig

Schuften: Lumpen, Kanaille □ **nackt**: unbekleidet
mancher: möchten andere auch

riesengroß: sehr groß
Atem: *souffle*
bannt ...: hält mich sein Blick magisch fest

es geht ein Zauber von Ihnen aus: Sie strahlen einen Charme aus

Beleidigung (f.): Affront (m.)
Erpressung: *chantage* □ **zum V.**: fast so aussieht wie...
mancherlei: viele verschiedene
Erfahrungen ... hat: viel erlebt hat, Wissen, Kenntnis hat

Gegenwert (m.): etwas, das ebenso viel wert ist, wie das Geld
ein ... Narr: ein wirklich Verrückter, ein Dummkopf

dadurch: durch die Tatsache
Geheimnis (n.): niemand anderes würde es erfahren
schwöre: verspreche □ **den Reizen**: der Schönheit
Enthüllung < enthüllen: entkleiden, zeigen □ **beglücken**: beschenken, glücklich machen

Gebrauch machen werde: die Situation nicht ausnützen werde
Vertrag (m.): Abmachung (f.)
verlange: möchte □ **dastehen**: einfach vor Ihnen stehen

dürfen in Andacht vor Ihrer Schönheit. Mein Zimmer liegt im gleichen Stockwerk wie das Ihre, Else, Nummer fünfundsechzig, leicht zu merken. Der schwedische Tennisspieler, von dem Sie heut' sprachen, war doch gerade fünfundsechzig Jahre alt?« — Er ist verrückt! Warum lasse ich ihn weiterreden? Ich bin gelähmt. — »*Aber wenn es Ihnen aus irgendeinem Grunde nicht paßt, mich auf Zimmer Nummer fünfundsechzig zu besuchen, Else, so schlage ich Ihnen einen kleinen Spaziergang nach dem Diner vor. Es gibt eine Lichtung im Walde, ich habe sie neulich ganz zufällig entdeckt, kaum fünf Minuten weit von unserem Hotel. — Es wird eine wundervolle Sommernacht heute, beinahe warm, und das Sternenlicht wird Sie herrlich kleiden.*« — Wie zu einer Sklavin spricht er. Ich spucke ihm ins Gesicht. — »*Sie sollen mir nicht gleich antworten, Else. Überlegen Sie. Nach dem Diner werden Sie mir gütigst Ihre Entscheidung kundtun.*« — Warum sagt er denn 'kundtun'. Was für ein blödes Wort: kundtun. — »*Überlegen Sie in aller Ruhe. Sie werden vielleicht spüren, daß es nicht einfach ein Handel ist, den ich Ihnen vorschlage.*« — Was denn, du klingender Schuft! — »*Sie werden möglicherweise ahnen, daß ein Mann zu Ihnen spricht, der ziemlich einsam und nicht besonders glücklich ist und der vielleicht einige Nachsicht verdient.*« — Affektierter Schuft. Spricht wie ein schlechter Schauspieler. Seine gepflegten Finger sehen aus wie Krallen. Nein, nein, ich will nicht. Warum sag' ich es denn nicht. Bring' dich um, Papa! Was will er denn mit meiner Hand? Ganz schlaff ist mein Arm. Er führt meine Hand an seine Lippen. Heiße Lippen. Pfui! Meine Hand ist kalt. Ich hätte Lust, ihm den Hut herunter zu blasen. Ha, wie komisch wär' das. Bald

Andacht (f.): Anbetung (f.), Konzentration
Stockwerk (n.): Etage (f.)
merken: behalten

bin gelähmt: kann mich nicht mehr bewegen
irgendeinem: egal welchem □ **paßt**: gefällt, recht ist

schlage ... vor: biete ... an
Lichtung: Stelle im Wald ohne Bäume
entdeckt: gefunden □ **weit**: entfernt

Sternenlicht: nachts leuchten die Sterne □ **wird ... kleiden**: wird Ihnen gut stehen
spucke: Lamas z.B. spucken

gütigst: gnädigst □ **kundtun**: mitteilen
blödes: dummes

ein Handel ist, den ...: ein Geschäft ist, das ..., kommerziell ist, was ...
möglicherweise: eventuell, vielleicht
ziemlich: relativ □ **einsam**: allein
einige: ein bißchen □ **Nachsicht** (f.): Entschuldigung (f.)
affektierter: gezierter, manierierter
Schauspieler: Komödiant □ **gepflegten**: sehr sauberen
Krallen (pl.): z.B. eine Katze kratzt mit ihren K.

schlaff: kraftlos □ **führt ... Lippen**: küßt meine Hand
pfui!: scheußlich, ekelhaft

blasen: pusten

ausgeküßt, du Schuft? — Die Bogenlampen vor dem Hotel brennen schon. Zwei Fenster stehen offen im dritten Stock. Das, wo sich der Vorhang bewegt, ist meines. Oben auf dem Schrank glänzt etwas. Nichts liegt oben, es ist nur der Messingbeschlag. — »*Also auf Wiedersehen, Else.*« — Ich antworte nichts. Regungslos stehe ich da. Er sieht mir ins Auge. Mein Gesicht ist undurchdringlich. Er weiß gar nichts. Er weiß nicht, ob ich kommen werde oder nicht. Ich weiß es auch nicht. Ich weiß nur, daß alles aus ist. Ich bin halbtot. Da geht er. Ein wenig gebückt. Schuft! Er fühlt meinen Blick auf seinem Nacken. Wen grüßt er denn? Zwei Damen. Als wäre er ein Graf, so grüßt er. Paul soll ihn fordern und ihn totschießen. Oder Rudi. Was glaubt er denn eigentlich? Unverschämter Kerl! Nie und nimmer. Es wird dir nichts anderes übrigbleiben, Papa, du mußt dich umbringen. — Die zwei kommen offenbar von einer Tour. Beide hübsch, er und sie. Haben sie noch Zeit, sich vor dem Diner umzukleiden? Sind gewiß auf der Hochzeitsreise oder vielleicht gar nicht verheiratet. Ich werde nie auf einer Hochzeitsreise sein. Dreißigtausend Gulden. Nein, nein, nein! Gibt es keine dreißigtausend Gulden auf der Welt? Ich fahre zu Fiala. Ich komme noch zurecht. Gnade, Gnade, Herr Doktor Fiala. Mit Vergnügen, mein Fräulein. Bemühen Sie sich in mein Schlafzimmer. — Tu mir doch den Gefallen, Paul, verlange dreißigtausend Gulden von deinem Vater. Sage, du hast Spielschulden, du mußt dich sonst erschießen. Gern, liebe Kusine. Ich habe Zimmer Nummer soundsoviel, um Mitternacht erwarte ich dich. O, Herr von Dorsday, wie bescheiden sind Sie. Vorläufig. Jetzt kleidet er sich um. Smoking. Also entscheiden wir uns. Wiese

ausgeküßt: mit dem Küssen fertig? □ **Bogenlampen**: große gebogene (< biegen) Lampen draußen
bewegt: der Wind bewegt den Vorhang

Messingbeschlag: Metallteile am Schrank
regungslos: ohne mich zu bewegen

undurchdringlich: ausdruckslos (man kann nicht erraten, sehen, was ich denke)
aus: vorbei, zu Ende
gebückt ≠ gerade

Graf (m.): *comte* □ **fordern**: zum Duell provozieren
totschießen: mit der Pistole töten
unverschämter: frecher

Tour (f.): Ausflug (m.)
umzukleiden: umzuziehen, Kleider zu wechseln
Hochzeitsreise (f.): wenn man heiratet, macht man eine Reise

noch zurecht: nicht zu spät □ **Gnade** (f.): Mitleid (n.)
bemühen Sie sich: kommen Sie doch bitte in mein S.
tu ... Gefallen: bitte

soundsoviel: *numéro tant*

bescheiden: anspruchslos, genügsam □ **vorläufig**: bis jetzt

im Mondenschein oder Zimmer Nummer fünfundsechzig? Wird er mich im Smoking in den Wald begleiten?

Es ist noch Zeit bis zum Diner. Ein bißchen spazierengehen und die Sache in Ruhe überlegen. Ich bin ein einsamer alter Mann, haha. Himmlische Luft, wie Champagner. Gar nicht mehr kühl — dreißigtausend... dreißigtausend... Ich muß mich jetzt sehr hübsch ausnehmen in der weiten Landschaft. Schade, daß keine Leute mehr, im Freien sind. Dem Herrn dort am Waldesrand gefalle ich offenbar sehr gut. Oh, mein Herr, nackt bin ich noch viel schöner, und es kostet einen Spottpreis, dreißigtausend Gulden. Vielleicht bringen Sie Ihre Freunde mit, dann kommt es billiger. Hoffentlich haben Sie lauter hübsche Freunde, hübschere und jüngere als Herr von Dorsday? Kennen Sie Herrn von Dorsday? Ein Schuft ist er — ein klingender Schuft...

Also überlegen, überlegen... Ein Menschenleben steht auf dem Spiel. Das Leben von Papa. Aber nein, er bringt sich nicht um, er wird sich lieber einsperren lassen. Drei Jahre schwerer Kerker oder fünf. In dieser ewigen Angst lebt er schon fünf oder zehn Jahre... Mündelgelder... Und Mama geradeso. Und ich doch auch. — Vor wem werde ich mich das nächste Mal nackt ausziehen müssen? Oder bleiben wir der Einfachheit wegen bei Herrn Dorsday? Seine jetzige Geliebte ist ja nichts Feines 'unter uns gesagt'. Ich wäre ihm gewiß lieber. Es ist gar nicht so ausgemacht, ob ich viel feiner bin. Tun Sie nicht vornehm, Fräulein Else, ich könnte Geschichten von Ihnen erzählen... einen gewissen Traum zum Beispiel, den Sie schon dreimal gehabt haben — von dem haben Sie nicht einmal Ihrer Freundin Bertha erzählt. Und die verträgt doch was. Und wie war denn

mich begleiten: mit mir kommen

muß ... ausnehmen: muß sehr schön aussehen

im Freien: draußen
Waldesrand (m.): Anfang des Waldes

Spottpreis (m.): sehr niedriger, lächerlicher Preis
kommt es billiger: ist, wird es b. (≠ teurer)

Kerker (m.): Gefängnis *(réclusion)*
ewigen: permanenten
geradeso: genauso, auch

der Einfachheit wegen: damit es einfacher ist

ausgemacht: klar
tun ... vornehm: spielen Sie nicht die feine Dame

verträgt: hält doch etwas aus

das heuer in Gmunden in der Früh um sechs auf dem Balkon, mein vornehmes Fräulein Else? Haben Sie die zwei jungen Leute im Kahn vielleicht gar nicht bemerkt, die Sie angestarrt haben? Mein Gesicht haben sie vom See aus freilich nicht genau ausnehmen können, aber daß ich im Hemd war, das haben sie schon bemerkt. Und ich hab' mich gefreut. Ah, mehr als gefreut. Ich war wie berauscht. Mit beiden Händen hab' ich mich über die Hüften gestrichen und vor mir selber hab' ich getan, als wüßte ich nicht, daß man mich sieht. Und der Kahn hat sich nicht vom Fleck bewegt. Ja, so bin ich, so bin ich. Ein Luder, ja. Sie spüren es ja alle. Auch Paul spürt es. Natürlich, er ist ja Frauenarzt. Und der Marineleutnant hat es ja auch gespürt und der Maler auch. Nur Fred, der dumme Kerl spürt es nicht. Darum liebt er mich ja. Aber gerade vor ihm möchte ich nicht nackt sein, nie und nimmer. Ich hätte gar keine Freude davon. Ich möchte mich schämen. Aber vor dem Filou mit dem Römerkopf — wie gern. Am allerliebsten vor dem. Und wenn ich gleich nachher sterben müßte. Aber es ist ja nicht notwendig, gleich nachher zu sterben. Man überlebt es. Die Bertha hat mehr überlebt. Cissy liegt sicher auch nackt da, wenn Paul zu ihr schleicht durch die Hotelgänge, wie ich heute nacht zu Herrn von Dorsday schleichen werde.

Nein, nein. Ich will nicht. Zu jedem andern — aber nicht zu ihm. Zu Paul meinetwegen. Oder ich such' mir einen aus heute abend beim Diner. Es ist ja alles egal. Aber ich kann doch nicht jedem sagen, daß ich dreißigtausend Gulden dafür haben will! Da wäre ich ja wie ein Frauenzimmer von der Kärntnerstraße. Nein, ich verkaufe mich nicht. Niemals. Nie werde ich mich

Gmunden: kleine Stadt in Oberösterreich □ **in der Früh**: morgens
Kahn (m.): kleines Boot, Barke (f.)

ausnehmen: erkennen

berauscht: z.B. von Alkohol wird man berauscht
Hüften: *hanches* □ **ich ... gestrichen**: ich meine H. gestreichelt

vom Fleck: von der Stelle

Maler: z.B. Picasso ist ein Maler

gerade: jetzt, eben

möchte: würde

nachher: danach

überlebt es: lebt weiter, stirbt nicht
schleicht: leise geht, um nicht gehört zu werden
Hotelgänge (pl.): Hotelflure

zu P. meinetwegen: na ja, zu Paul würde ich eventuell gehen

Frauenzimmer (n.): abw. » Frau « □ **Kärtnerstraße**: im Zentrum von Wien, früher waren da Prostituierte

verkaufen. Ich schenke mich her. Ja, wenn ich einmal den Rechten finde, schenke ich mich her. Aber ich verkaufe mich nicht. Ein Luder will ich sein, aber nicht eine Dirne. Sie haben sich verrechnet, Herr von Dorsday. Und der Papa auch. Ja, verrechnet hat er sich. Er muß es ja vorher gesehen haben. Er kennt ja die Menschen. Er kennt doch den Herrn von Dorsday. Er hat sich doch denken können, daß der Herr von Dorsday nicht für nichts und wieder nichts. — Sonst hätte er doch telegraphieren oder selber herreisen können. Aber so war es bequemer und sicherer, nicht wahr, Papa? Wenn man eine so hübsche Tochter hat, wozu braucht man ins Zuchthaus zu spazieren? Und die Mama, dumm wie sie ist, setzt sich hin und schreibt den Brief. Der Papa hat sich nicht getraut. Da hätte ich es ja gleich merken müssen. Aber es soll Euch nicht glücken. Nein, du hast zu sicher auf meine kindliche Zärtlichkeit spekuliert, Papa, zu sicher darauf gerechnet, daß ich lieber jede Gemeinheit erdulden würde als dich die Folgen deines verbrecherischen Leichtsinns tragen zu lassen. Ein Genie bist du ja. Herr von Dorsday sagt es, alle Leute sagen es. Aber was hilft mir das. Fiala ist eine Null, aber er unterschlägt keine Mündelgelder, sogar Waldheim ist nicht in einem Atem mit dir zu nennen... Wer hat das nur gesagt? Der Doktor Froriep. Ein Genie ist Ihr Papa. — Und ich hab' ihn erst einmal reden gehört! — Im vorigen Jahr im Schwurgerichtssaal —— zum ersten- und letztenmal! Herrlich! Die Tränen sind mir über die Wangen gelaufen. Und der elende Kerl, den er verteidigt hat, ist freigesprochen worden. Er war vielleicht gar kein so elender Kerl. Er hat jedenfalls nur gestohlen, keine Mündelgelder veruntreut, um Bakkarat

ich ... her: ich gebe mich freiwillig
Rechten: den richtigen Mann

Dirne: Hure, Prostituierte □ **verrechnet**: geirrt

für ... nichts: umsonst, gratis
herreisen: hierher kommen
bequemer: leichter, einfacher

wozu ... spazieren: warum ins Gefängnis gehen

sich ... getraut: es nicht gewagt, hatte nicht den Mut
glücken: gelingen
Zärtlichkeit: Liebe (f.)

Gemeinheit (f.): Bosheit □ **erdulden**: ertragen, aushalten
verbrecherischen: kriminellen □ **Leichtsinn**: Sorglosigkeit

unterschlägt (< unterschlagen): nimmt ... weg, stiehlt
ist ... nennen: kommt dir nicht gleich

Schwurgerichtssaal (m.): Saal des Schwurgerichts *(Cour d'assises)* □ **die T. ... gelaufen**: ich habe geweint
der elende Kerl: der Schuft
freigesprochen ≠ verurteilt

gestohlen < stehlen

zu spielen und auf der Börse zu spekulieren. Und jetzt wird der Papa selber vor den Geschworenen stehen. In allen Zeitungen wird man es lesen. Zweiter Verhandlungstag, dritter Verhandlungstag; der Verteidiger erhob sich zu einer Replik. Wer wird denn sein Verteidiger sein? Kein Genie. Nichts wird ihm helfen. Einstimmig schuldig. Verurteilt auf fünf Jahre. Stein, Sträflingskleid, geschorene Haare. Einmal im Monat darf man ihn besuchen. Ich fahre mit Mama hinaus, dritter Klasse. Wir haben ja kein Geld. Keiner leiht uns was. Kleine Wohnung in der Lerchenfelderstraße, so wie die, wo ich die Nähterin besucht habe vor zehn Jahren. Wir bringen ihm etwas zu essen mit. Woher denn? Wir haben ja selber nichts. Onkel Viktor wird uns eine Rente aussetzen. Dreihundert Gulden monatlich. Rudi wird in Holland sein bei Vanderhulst — wenn man noch auf ihn reflektiert. Die Kinder des Sträflings! Roman von Temme in drei Bänden. Der Papa empfängt uns im gestreiften Sträflingsanzug. Er schaut nicht bös drein, nur traurig. Er kann ja gar nicht bös dreinschauen. — Else, wenn du mir damals das Geld verschafft hättest, das wird er sich denken, aber er wird nichts sagen. Er wird nicht das Herz haben, mir Vorwürfe zu machen. Er ist ja seelengut, nur leichtsinnig ist er. Sein Verhängnis ist die Spielleidenschaft. Er kann ja nichts dafür, es ist eine Art von Wahnsinn. Vielleicht spricht man ihn frei, weil er wahnsinnig ist. Auch den Brief hat er vorher nicht überlegt. Es ist ihm vielleicht gar nicht eingefallen, daß Dorsday die Gelegenheit benützen könnte, und so eine Gemeinheit von mir verlangen wird. Er ist ein guter Freund unseres Hauses, er hat dem Papa schon einmal achttausend Gulden geliehen. Wie soll man so was von

Geschworenen (pl.): *jurés*
Verhandlungstag: Tag des Prozesses
Verteidiger: er verteidigt den Angeklagten

einstimmig: für alle Geschworenen ist er schuldig
Stein: österr. Stadt mit Gefängnis □ **Sträflingskleid** (n.): Uniform der Gefangenen □ **geschorene** (< scheren): ganz kurz geschnittene
leiht ... was: gibt uns Kredit

Nähterin (österr. veralt.): Näherin < nähen. Schneiderin

aussetzen: zusprechen, geben
auf ihn reflektiert: ihn will
des Sträflings: des Gefangenen
Temme: Autor von Trivialromanen □ **Bänden** (< Band): Büchern (pl.). in 3 Teilen □ **gestreiften S.**: schwarz-weiß gestreiften Sträflingskleid □ **(bös) dreinschauen**: ein (böses) Gesicht machen

das Herz: den Mut □ **Vorwürfe** (< Vorwurf (m.) ...: mich zu kritisieren □ **seelengut**: sehr gut □ **Verhängnis** (n.): Unglück (n.) □ **Leidenschaft**: Passion □ **er ... dafür**: es ist nicht seine Schuld □ **Wahnsinn** (m.): Irrsinn □ **spricht ... frei**: sagt am Ende des Prozesses, daß er nicht schuldig ist

die Gelegenheit benützen: diese Situation ausnützen

einem Menschen denken. Zuerst hat der Papa sicher alles andere versucht. Was muß er durchgemacht haben, ehe er die Mama veranlaßt hat, diesen Brief zu schreiben? Von einem zum andern ist er gelaufen, von Warsdorf zu Burin, von Burin zu Wertheimstein und weiß Gott noch zu wem. Bei Onkel Karl war er gewiß auch. Und alle haben sie ihn im Stich gelassen. Alle die sogenannten Freunde. Und nun ist Dorsday seine Hoffnung, seine letzte Hoffnung. Und wenn das Geld nicht kommt, so bringt er sich um. Natürlich bringt er sich um. Er wird sich doch nicht einsperren lassen. Untersuchungshaft, Verhandlung, Schwurgericht, Kerker, Sträflingsgewand. Nein, nein! Wenn der Haftbefehl kommt, erschießt er sich oder hängt sich auf. Am Fensterkreuz wird er hängen. Man wird herüberschicken vom Haus vis-à-vis, der Schlosser wird aufsperren müssen und ich bin schuld gewesen. Und jetzt sitzt er zusammen mit Mama im selben Zimmer, wo er übermorgen hängen wird, und raucht eine Havannazigarre. Woher hat er immer noch Havannazigarren? Ich höre ihn sprechen, wie er die Mama beruhigt. Verlaß dich drauf, Dorsday weist das Geld an. Bedenke doch, ich habe ihm heuer im Winter eine große Summe durch meine Intervention gerettet. Und dann kommt der Prozeß Erbesheimer... — Wahrhaftig. — Ich höre ihn sprechen. Telepathie! Merkwürdig. Auch Fred seh ich in diesem Moment. Er geht mit einem Mädel im Stadtpark am Kursalon vorbei. Sie hat eine hellblaue Bluse und lichte Schuhe und ein bißl heiser ist sie. Das weiß ich alles ganz bestimmt. Wenn ich nach Wien komme, werde ich Fred fragen, ob er am dritten September zwischen halb acht und acht Uhr abends mit seiner Geliebten im

durchgemacht: gelitten < leiden
veranlaßt: gebeten < bitten

im S. gelassen: sitzen lassen, fallen lassen, niemand hat ihm geholfen □ **sogenannten**: scheinbaren

Untersuchungschaft (f.): *détention préventive*
Sträflingsgewand: Sträflingskleid
hängt ... auf: tötet sich mit einem Strang, einem Strick
Fensterkreuz: Fensterrahmen □ **herüberschicken**: kommen
Schlosser: kann ein Türschloß von außen öffnen, wenn es von innen zugesperrt ist
selben: gleichen

beruhigt ≠ nervös macht □ **verlaß ... drauf**: du kannst sicher sein, rechne damit □ **weist ... an**: überweist das G. □ **bedenke doch**: denk daran

wahrhaftig: wirklich

Stadtpark: großer Park in Wien
Kursalon: Tanzcafé in diesem Park □ **hellblaue** ≠ dunkelblaue
lichte: helle □ **ein bißl heiser ist sie**: eine klanglose Stimme hat sie

Stadtpark war.

Wohin denn noch? Was ist denn mit mir? Beinahe ganz dunkel. Wie schön und ruhig. Weit und breit kein Mensch. Nun sitzen sie alle schon beim Diner. Telepathie? Nein, das ist noch keine Telepathie. Ich habe ja früher das Tamtam gehört. Wo ist die Else? wird sich Paul denken. Es wird allen auffallen, wenn ich zur Vorspeise noch nicht da bin. Sie werden zu mir heraufschicken. Was ist das mit Else? Sie ist doch sonst so pünktlich? Auch die zwei Herren am Fenster werden denken: Wo ist denn heute das schöne junge Mädel mit dem rötlichblonden Haar? Und Herr von Dorsday wird Angst bekommen. Er ist sicher feig. Beruhigen Sie sich, Herr von Dorsday, es wird Ihnen nichts geschehen. Ich verachte Sie ja so sehr. Wenn ich wollte, morgen abend wären Sie ein toter Mann. — Ich bin überzeugt, Paul würde ihn fordern, wenn ich ihm die Sache erzählte. Ich schenke Ihnen das Leben, Herr von Dorsday.

Wie ungeheuer weit die Wiesen und wie riesig schwarz die Berge. Keine Sterne beinahe. Ja doch, drei, vier, — es werden schon mehr. Und so still der Wald hinter mir. Schön hier auf der Bank am Waldesrand zu sitzen. So fern, so fern das Hotel und so märchenhaft leuchtet es her. Und was für Schufte sitzen drin. Ach nein, Menschen, arme Menschen, sie tun mir alle so leid. Auch die Marchesa tut mir leid, ich weiß nicht warum, und die Frau Winawer und die Bonne von Cissys kleinem Mädel. Sie sitzt nicht an der Table d'hôte, sie hat schon früher mit Fritzi gegessen. Was ist das nur mit Else, fragt Cissy. Wie, auf ihrem Zimmer ist sie auch nicht? Alle haben sie Angst um mich, ganz gewiß. Nur ich habe keine Angst. Ja, da bin ich in Martino di

wohin denn noch: bis wohin soll ich noch gehen? □ **was ist ...**: was habe ich? **weit und breit kein M.**: nirgends ein Mensch

Tamtam: Gong □ **wird sich P. denken** *(emploi modal du futur)*: fragt sich wohl P
zu mir heraufschicken: mich von oben holen lassen

pünktlich ≠ zu spät: sie kommt doch sonst immer zur Zeit

geschehen: passieren
verachte ≠ achte, schätze, respektiere □ **ja**: doch

ungeheuer weit: immens groß, riesengroß □ **riesig**: gigantisch

still: ruhig

märchenhaft: wie in einem Märchen □ **leuchtet**: strahlt
her: herüber
sie tun mir leid: ich bedaure sie

früher: vorher □ **was ist das nur mit E.**: wo ist nur Else?

Castrozza, sitze auf einer Bank am Waldesrand und die Luft ist wie Champagner und mir scheint gar, ich weine. Ja, warum weine ich denn? Es ist doch kein Grund zu weinen. Das sind die Nerven. Ich muß mich beherrschen. Ich darf mich nicht so gehenlassen. Aber das Weinen ist gar nicht unangenehm. Das Weinen tut mir immer wohl. Wie ich unsere alte Französin besucht habe im Krankenhaus, die dann gestorben ist, habe ich auch geweint. Und beim Begräbnis von der Großmama, und wie die Bertha nach Nürnberg gereist ist, und wie das Kleine von der Agathe gestorben ist, und im Theater bei der Kameliendame hab' ich auch geweint. Wer wird weinen, wenn ich tot bin? Oh, wie schön wäre das, tot zu sein. Aufgebahrt liege ich im Salon, die Kerzen brennen. Lange Kerzen. Zwölf lange Kerzen. Unten steht schon der Leichenwagen. Vor dem Haustor stehen Leute. Wie alt war sie denn? Erst neunzehn. Wirklich erst neunzehn? — Denken Sie sich, ihr Papa ist im Zuchthaus. Warum hat sie sich denn umgebracht? Aus unglücklicher Liebe zu einem Filou. Aber was fällt Ihnen denn ein? Sie hätte ein Kind kriegen sollen. Nein, sie ist vom Cimone heruntergetürzt. Es ist ein Unglücksfall. Guten Tag, Herr Dorsday, Sie erweisen der kleinen Else auch die letzte Ehre? Kleine Else, sagt das alte Weib. — Warum denn? Natürlich, ich muß ihr die letzte Ehre erweisen. Ich habe ihr ja auch die erste Schande erwiesen. Oh, es war der Mühe wert, Frau Winawer, ich habe noch nie einen so schönen Körper gesehen. Es hat mich nur dreißig Millionen gekostet. Ein Rubens kostet dreimal so viel. Mit Haschisch hat sie sich vergiftet. Sie wollte nur schöne Visionen haben, aber sie hat zuviel genommen und ist nicht mehr aufgewacht. Warum hat

gar: sogar
ja: aber
beherrschen: beruhigen, diszipliniert sein, mich fassen
gehenlassen ≠ beherrschen

wohl: gut

Begräbnis (n.) < begraben: Tote legt man in die Erde, man begräbt sie

aufgebahrt: vor dem Begräbnis werden die Toten aufgebahrt □ **Kerzen** (pl.) (< Kerze): K. brennen bei dem Toten □ **brennen (brannte, gebrannt)**: das Feuer brennt □ **Leichenwagen**: im L. fährt man die Toten zum Friedhof, wo sie begraben werden

kriegen (ugs.) bekommen
Unglücksfall (m.): Unfall (m.), Unglück (n.)
erweisen ... Ehre: begleiten die kleine E. zum Friedhof

Weib (ugs.): Frau
Schande ≠ Ehre
es war der Mühe wert: es lohnte sich

vergiftet < Gift (n.): mit Gift getötet (Arsenik ist ein Gift)

er denn ein rotes Monokel, der Herr Dorsday? Wem winkt er denn mit dem Taschentuch? Die Mama kommt die Treppe herunter und küßt ihm die Hand. Pfui, pfui. Jetzt flüstern sie miteinander. Ich kann nichts verstehen, weil ich aufgebahrt bin. Der Veilchenkranz um meine Stirn ist von Paul. Die Schleifen fallen bis auf den Boden. Kein Mensch traut sich ins Zimmer. Ich stehe lieber auf und schaue zum Fenster hinaus. Was für ein großer blauer See! Hundert Schiffe mit gelben Segeln—. Die Wellen glitzern. So viel Sonne. Regatta. Die Herren haben alle Ruderleibchen. Die Damen sind im Schwimmkostüm. Das ist unanständig. Sie bilden sich ein, ich bin nackt. Wie dumm sie sind. Ich habe ja schwarze Trauerkleider an, weil ich tot bin. Ich werde es euch beweisen. Ich lege mich gleich wieder auf die Bahre hin. Wo ist sie denn? Fort ist sie. Man hat sie davongetragen. Man hat sie unterschlagen. Darum ist der Papa im Zuchthaus. Und sie haben ihn doch freigesprochen auf drei Jahre. Die Geschworenen sind alle bestochen von Fiala. Ich werde jetzt zu Fuß auf den Friedhof gehen, da erspart die Mama das Begräbnis. Wir müssen uns einschränken. Ich gehe so schnell, daß mir keiner nachkommt. Ah, wie schnell ich gehen kann. Da bleiben sie alle auf den Straßen stehen und wundern sich. Wie darf man jemanden so anschaun, der tot ist! Das ist zudringlich. Ich gehe lieber übers Feld, das ist ganz blau von Vergißmeinnicht und Veilchen. Die Marineoffiziere stehen Spalier. Guten Morgen, meine Herren. Öffnen Sie das Tor, Herr Matador. Erkennen Sie mich nicht? Ich bin ja die Tote... Sie müssen mir darum nicht die Hand küssen... Wo ist denn meine Gruft? Hat man die auch unterschlagen? Gott sei

winkt : macht er Zeichen

flüstern sie miteinander : sprechen sie leise zusammen
Veilchenkranz : Veilchen : kleine violette Blumen
Schleifen (pl.) : Bänder
Boden : z.B. Parkettboden

Segeln (pl.) : Schiffe ohne Motor haben Segel
Wellen glitzern : das Wasser funkelt in der Sonne
Ruderleibchen < rudern : *ramer* + Leibchen (österr.) : T-Shirt □
bilden sich ein : denken, stellen sich vor

Trauerkleider < Trauer (f.) : Schmerz, den man fühlt, wenn jemand tot ist □ **beweisen** : zeigen

bestochen (< bestechen) : gekauft, korrumpiert
erspart : braucht die M. das Begräbnis nicht zu bezahlen
einschränken : sparen, dürfen nicht mehr soviel Geld ausgeben

wundern sich : sind erstaunt

zudringlich : indiskret □ **Feld** : Wiese
Vergißmeinnicht : kleine, hellblaue Wiesenblume
stehen Spalier : bilden zwei Reihen

Gruft : Grab (n.) aus Stein, Marmor

Dank, es ist gar nicht der Friedhof. Das ist ja der Park in Mentone. Der Papa wird sich freuen, daß ich nicht begraben bin. Vor den Schlangen habe ich keine Angst. Wenn mich nur keine in den Fuß beißt. O weh.

Was ist denn? Wo bin ich denn? Habe ich geschlafen? Ja. Geschlafen habe ich. Ich muß sogar geträumt haben. Mir ist so kalt in den Füßen. Im rechten Fuß ist mir kalt. Wieso denn? Da ist am Knöchel ein kleiner Riß im Strumpf. Warum sitze ich denn noch im Wald? Es muß ja längst geläutet haben zum Dinner. Dinner.

O Gott, wo war ich denn? So weit war ich fort. Was hab ich denn geträumt? Ich glaube, ich war schon tot. Und keine Sorgen habe ich gehabt und mir nicht den Kopf zerbrechen müssen. Dreißigtausend, dreißigtausend... ich habe sie noch nicht. Ich muß sie mir erst verdienen. Und da sitz' ich allein am Waldesrand. Das Hotel leuchtet bis her. Ich muß zurück. Es ist schrecklich, daß ich zurück muß. Aber es ist keine Zeit mehr zu verlieren. Herr von Dorsday erwartet meine Entscheidung. Entscheidung. Entscheidung! Nein. Nein, Herr von Dorsday, kurz und gut, nein. Sie haben gescherzt, Herr von Dorsday, selbstverständlich. Ja, das werde ich ihm sagen. Oh, das ist ausgezeichnet. Ihr Scherz war nicht sehr vornehm, Herr von Dorsday, aber ich will Ihnen verzeihen. Ich telegraphiere morgen früh an Papa, Herr von Dorsday, daß das Geld pünktlich in Doktor Fialas Händen sein wird. Wunderbar. Das sage ich ihm. Da bleibt ihm nichts übrig, er muß das Geld abschicken. Muß? Muß er? Warum muß er denn? Und wenn er's täte, so würde er sich dann rächen irgendwie. Er würde es so einrichten, daß das Geld zu spät kommt. Oder er würde das Geld schicken und dann überall

Schlangen (pl.) : z.B. die Viper ist eine Schlange
beißt : z.B. Hunde beissen

Knöchel (m.) : *cheville*
Riß : Loch (n.) da ist der Strumpf kaputt
geläutet : geklingelt

Sorgen (pl.) : Probleme □ **mir nicht den K. zerbrechen müssen** : nicht grübeln, nachdenken müssen (um eine Lösung für meine Probleme zu finden)

Entscheidung : Entschluß (m.)
kurz und gut : kurz gesagt

ausgezeichnet : trefflich, sehr gut

Ihnen verzeihen : Sie entschuldigen, Ihnen vergeben

bleibt ... übrig : kann er nichts anderes machen

täte Konj. 2 : tun würde □ **rächen** : *se venger* □ **irgendwie** : auf irgendeine Art □ **einrichten** : arrangieren

erzählen, daß er mich gehabt hat. Aber er schickt ja das Geld gar nicht ab. Nein, Fräulein Else, so haben wir nicht gewettet. Telegraphieren Sie dem Papa, was Ihnen beliebt, ich schicke das Geld nicht ab. Sie sollen nicht glauben, Fräulein Else, daß ich mich von so einem kleinen Mädel übertölpeln lasse, ich, der Vicomte von Eperies.

Ich muß vorsichtig gehen. Der Weg ist ganz dunkel. Sonderbar, es ist mir wohler als vorher. Es hat sich doch gar nichts geändert und mir ist wohler. Was habe ich denn nur geträumt? Von einem Matador? Was war denn das für ein Matador? Es ist doch weiter zum Hotel, als ich gedacht habe. Sie sitzen gewiß noch alle beim Diner. Ich werde mich ruhig an den Tisch setzen und sagen, daß ich Migräne gehabt habe und lasse mir nachservieren. Herr von Dorsday wird am Ende selbst zu mir kommen und mir sagen, daß das Ganze nur ein Scherz war. Entschuldigen Sie, Fräulein Else, entschuldigen Sie den schlechten Spaß, ich habe schon an meine Bank telegraphiert. Aber er wird es nicht sagen. Er hat nicht telegraphiert. Es ist alles noch genau so wie früher. Er wartet. Herr von Dorsday wartet. Nein, ich will ihn nicht sehen. Ich kann ihn nicht mehr sehen. Ich will niemanden mehr sehen. Ich will nicht mehr ins Hotel, ich will nicht mehr nach Hause, ich will nicht nach Wien, zu niemandem will ich, zu keinem Menschen, nicht zu Papa und nicht zu Mama, nicht zu Rudi und nicht zu Fred, nicht zu Berta und nicht zu Tante Irene. Die ist noch die beste, die würde alles verstehen. Aber ich habe nichts mehr mit ihr zu tun und mit niemandem mehr. Wenn ich zaubern könnte, wäre ich ganz woanders in der Welt. Auf irgendeinem herrlichen Schiff

mich gehabt hat: mit mir geschlafen, sexuell verkehrt hat
so ... gewettet: das war nicht abgemacht
was Ihnen beliebt: was Sie wollen

übertölpeln: betrügen, übervorteilen (düpieren)

vorsichtig: achtsam
es ist mir wohler: es geht mir besser
gar nichts geändert: alles ist gleich geblieben, ist so wie vorher

nachservieren: später servieren, nach den anderen S.

das Ganze: alles

Spaß: Scherz

habe nichts ... zu tun: habe ihr nichts mehr zu sagen
zaubern: z.B. eine Fee kann zaubern □ **ganz woanders**: an einem ganz anderen Ort □ **herrlichen**: wunderschönen

im Mittelländischen Meer, aber nicht allein. Mit Paul zum Beispiel. Ja, das könnte ich mir ganz gut vorstellen. Oder ich wohnte in einer Villa am Meer, und wir lägen auf den Marmorstufen, die ins Wasser führen, und er hielte mich fest in seinen Armen und bisse mich in die Lippen, wie es Albert vor zwei Jahren getan hat beim Klavier, der unverschämte Kerl. Nein. Allein möchte ich am Meer liegen auf den Marmorstufen und warten. Und endlich käme einer oder mehrere, und ich hätte die Wahl und die andern, die ich verschmähe, die stürzen sich aus Verzweiflung alle ins Meer. Oder sie müßten Geduld haben bis zum nächsten Tag. Ach, was wäre das für ein köstliches Leben. Wozu habe ich denn meine herrlichen Schultern und meine schönen schlanken Beine? Und wozu bin ich denn überhaupt auf der Welt? Und es geschähe ihnen ganz recht, ihnen allen, sie haben mich ja doch nur daraufhin erzogen, daß ich mich verkaufe, so oder so. Vom Theaterspielen haben sie nichts wissen wollen. Da haben sie mich ausgelacht. Und es wäre ihnen ganz recht gewesen im vorigen Jahr, wenn ich den Direktor Wilomitzer geheiratet hätte, der bald fünfzig ist. Nur daß sie mir nicht zugeredet haben. Da hat sich der Papa doch geniert. Aber die Mama hat ganz deutliche Anspielungen gemacht.

Wie riesig es dasteht das Hotel, wie eine ungeheuere beleuchtete Zauberburg. Alles ist so riesig. Die Berge auch. Man könnte sich fürchten. Noch nie waren sie so schwarz. Der Mond ist noch nicht da. Der geht erst zur Vorstellung auf, zur großen Vorstellung auf der Wiese, wenn der Herr von Dorsday seine Sklavin nackt tanzen läßt. Was geht mich denn der Herr Dorsday an? Nun, Mademoiselle Else, was machen Sie denn für Geschich-

Mittelländischen Meer: Mittelmeer (n.)
ganz gut: recht gut, ziemlich gut
lägen < liegen Konjunktiv 2
führen: gehen
hielte < halten Konj. 2 □ **bisse** < beissen Konj. 2

käme < kommen □ **hätte die W.**: könnte wählen
verschmähe: nicht will
aus Verzweiflung (f.): aus Hoffnungslosigkeit □ **Geduld haben**: warten können
köstliches: herrliches □ **wozu**: zu welchem Zweck, wofür

geschähe < geschehen Konjunktiv 2
daraufhin: dazu □ **erzogen** < erziehen (Eltern erziehen ihre Kinder) □ **so oder so**: auf jeden Fall
sie mich ausgelacht: sie sich über mich lustig gemacht
... ihnen ganz recht gewesen: sie wären ziemlich erfreut gewesen, hätten es gerne gesehen
nur daß: das einzige ist, daß □ **mir ... zugeredet haben**: nicht versucht haben, mich zu überzeugen
deutliche: klare □ **Anspielungen** (pl.): Hinweise (pl.)

Zauberburg: Märchenschloß (n.)

Vorstellung (f.): Theateraufführung (f.)

was geht mich der H.D. an?: warum soll ich mich für D. interessieren? □ **nun**: also

ten? Sie waren doch schon bereit, auf und davon zu gehen, die Geliebte von fremden Männern zu werden, von einem nach dem andern. Und auf die Kleinigkeit, die Herr von Dorsday von Ihnen verlangt, kommt es Ihnen an? Für einen Perlenschmuck, für schöne Kleider, für eine Villa am Meer sind Sie bereit, sich zu verkaufen? Und das Leben Ihres Vaters ist Ihnen nicht so viel wert? Es wäre gerade der richtige Anfang. Es wäre dann gleich die Rechtfertigung für alles andere. Ihr wart es, könnt ich sagen, Ihr habt mich dazu gemacht, Ihr alle seid schuld, daß ich so geworden bin, nicht nur Papa und Mama. Auch der Rudi ist schuld und der Fred und alle, alle, weil sich ja niemand um einen kümmert. Ein bißchen Zärtlichkeit, wenn man hübsch aussieht, und ein bißl Besorgtheit, wenn man Fieber hat, und in die Schule schicken sie einen, und zu Hause lernt man Klavier und Französisch, und im Sommer geht man auf's Land und zum Geburtstag kriegt man Geschenke und bei Tisch reden sie über allerlei. Aber was in mir vorgeht und was in mir wühlt und Angst hat, habt ihr euch darum je gekümmert? Manchmal im Blick von Papa war eine Ahnung davon, aber ganz flüchtig. Und dann war gleich wieder der Beruf da, und die Sorgen und das Börsenspiel — und wahrscheinlich irgendein Frauenzimmer ganz im geheimen, 'nichts sehr Feines unter uns', und ich war wieder allein. Nun, was tätst du Papa, was tätst du heute, wenn ich nicht da wäre?

Da stehe ich, ja da stehe ich vor dem Hotel. — Furchtbar da hineingehen zu müssen, alle die Leute sehen, den Herrn von Dorsday, die Tante, Cissy. Wie schön war das früher auf der Bank am Waldesrand, wie

auf und davon zu gehen: einfach von zu Hause wegzugehen, die Familie zu verlassen, zu fliehen
auf die K. kommt es Ihnen an: diese K. ist wichtig für Sie

nicht so viel wert: unwichtig, bedeutet Ihnen nicht so viel
Anfang ≠ Ende
Rechtfertigung (f.): Alibi (n.)

kümmert: sorgt □ **Zärtlichkeit** (f.): Liebe
Besorgtheit (f.): Sorge (f.)
einen: Acc. von »man«

kriegt (ugs.): bekommt
allerlei: verschiedene, banale Dinge
vorgeht: passiert □ **in mir wühlt**: was mich bewegt, mich quält
je: jemals, irgendwann
Ahnung (f.): Intuition (f.) □ **flüchtig**: schnell
Beruf (m.): Arbeit (f.)

im geheimen: ohne daß es jemand weiß

tätst (ugs.): tätest, würdest du tun

alle die: alle diese

ich schon tot war. Matador — wenn ich nur drauf käm', was — eine Regatta war es, richtig und ich habe vom Fenster aus zugesehen. Aber wer war der Matador? — Wenn ich nur nicht so müd wäre, so furchtbar müde. Und da soll ich bis Mitternacht aufbleiben und mich dann ins Zimmer von Herrn von Dorsday schleichen? Vielleicht begegne ich der Cissy auf dem Gang. Hat sie was an unter dem Schlafrock, wenn sie zu ihm kommt? Es ist schwer, wenn man in solchen Dingen nicht geübt ist. Soll ich sie nicht um Rat fragen, die Cissy? Natürlich würde ich nicht sagen, daß es sich um Dorsday handelt, sondern sie müßte sich denken, ich habe ein nächtliches Rendezvous mit einem von den hübschen jungen Leuten hier im Hotel. Zum Beispiel mit dem langen blonden Menschen, der die leuchtenden Augen hat. Aber der ist ja nicht mehr da. Plötzlich war er verschwunden. Ich habe doch gar nicht an ihn gedacht bis zu diesem Augenblick. Aber es ist leider nicht der lange blonde Mensch mit den leuchtenden Augen, auch der Paul ist es nicht, es ist der Herr von Dorsday. Also wie mach' ich es denn? Was sage ich ihm? Einfach ja? Ich kann doch nicht zu Herrn Dorsday ins Zimmer kommen. Er hat sicher lauter elegante Flakons auf dem Waschtisch, und das Zimmer riecht nach französischem Parfüm. Nein, nicht um die Welt zu ihm. Lieber im Freien. Da geht er mich nichts an. Der Himmel ist so hoch und die Wiese ist so groß. Ich muß gar nicht an den Herrn Dorsday denken. Ich muß ihn nicht einmal anschauen. Und wenn er es wagen würde, mich anzurühren, einen Tritt bekäme er mit meinen nackten Füßen. Ach, wenn es doch ein anderer wäre, irgendein anderer. Alles, alles könnte er von mir haben heute nacht, jeder andere, nur Dorsday

nur darauf käme: mich nur daran erinnern könnte

bis ... aufbleiben: bis 24 Uhr warten, wachbleiben

begegne ... Gang: treffe ich die C. auf dem Flur
Schlafrock (m.): Morgenrock (m.), Morgenmantel (m.)
man ... geübt ist ... man solche Dinge nicht gewohnt ist, nicht gemacht hat □ **um Rat fragen**: um Hilfe bitten

nächtliches < Nacht

leuchtenden: strahlenden
verschwunden (< verschwinden): nicht mehr da
bis zu diesem Augenblick (m.): bis ... Zeitpunkt, bis jetzt

lauter: nur □ **Waschtisch** (m.): Toilettentisch
riecht: duftet
nicht um die Welt: nein, um keinen Preis □ **zu ihm**: zu ihm gehen □ **geht er mich nichts an**: da fühle ich mich nicht betroffen, da ist es unpersönlicher

anzurühren: zu berühren □ **Tritt**: Fußtritt

irgendein anderer: jemand anders, egal wer
von mir haben: bei mir erreichen

nicht. Und gerade der! Gerade der! Wie seine Augen stechen und bohren werden. Mit dem Monokel wird er dastehen und grinsen. Aber nein, er wird nicht grinsen. Er wird ein vornehmes Gesicht schneiden. Elegant. Er ist ja solche Dinge gewohnt. Wie viele hat er schon so gesehen? Hundert oder tausend? Aber war schon eine darunter wie ich? Nein, gewiß nicht. Ich werde ihm sagen, daß er nicht der erste ist, der mich so sieht. Ich werde ihm sagen, daß ich einen Geliebten habe. Aber erst, wenn die dreißigtausend Gulden an Fiala abgesandt sind. Dann werde ich ihm sagen, daß er ein Narr war, daß er mich auch hätte haben können um dasselbe Geld. — Daß ich schon zehn Liebhaber gehabt habe, zwanzig, hundert. — Aber das wird er mir ja alles nicht glauben. — Und wenn er es mir glaubt, was hilft es mir? — Wenn ich ihm nur irgendwie die Freude verderben könnte. Wenn noch einer dabei wäre? Warum nicht? Er hat ja nicht gesagt, daß er mit mir allein sein muß. Ach, Herr von Dorsday, ich habe solche Angst vor Ihnen. Wollen Sie mir nicht freundlichst gestatten, einen guten Bekannten mitzubringen? Oh, das ist keineswegs gegen die Abrede, Herr von Dorsday. Wenn es mir beliebte, dürfte ich das ganze Hotel dazu einladen, und Sie wären trotzdem verpflichtet, die dreißigtausend Gulden abzuschicken. Aber ich begnüge mich damit, meinen Vetter Paul mitzubringen. Oder ziehen Sie etwa einen andern vor? Der lange blonde Mensch ist leider nicht mehr da und der Filou mit dem Römerkopf leider auch nicht. Aber ich find' schon noch wen andern. Sie fürchten Indiskretion? Darauf kommt es ja nicht an. Ich lege keinen Wert auf Diskretion. Wenn man einmal soweit ist wie ich, dann ist alles ganz egal. Das ist heute ja nur der

gerade : just, ausgerechnet
stechen : stechender, bohrender Blick : *regard perçant*
grinsen : dumm lachen
schneiden : machen

darunter : dabei

abgesandt (< absenden) : abgeschickt
Narr (m.) : Dummkopf
um dasselbe Geld : für die gleiche Geldsumme

verderben : verleiden, (so daß er keinen Spaß hat)
dabei wäre : anwesend, auch da wäre

gestatten : erlauben

Abrede : Vertrag (m.), Engagement (n.)
Sie wären verpflichtet : Sie müßten trotzdem

begnüge : gebe mich zufrieden □ **Vetter :** Cousin
ziehen ... vor : möchten Sie vielleicht lieber einen anderen

wen anderen : einen anderen □ **fürchten :** haben Angst vor
darauf ... an : das ist ja nicht wichtig □ **lege ... auf :** für mich ist D. nicht wichtig □ **soweit ist :** so tief gefallen ist

Anfang. Oder denken Sie, aus diesem Abenteuer fahre ich wieder nach Hause als anständiges Mädchen aus guter Familie? Nein, weder gute Familie noch anständiges junges Mädchen. Das wäre erledigt. Ich stelle mich jetzt auf meine eigenen Beine. Ich habe schöne Beine, Herr von Dorsday, wie Sie und die übrigen Teilnehmer des Festes bald zu bemerken Gelegenheit haben werden. Also die Sache ist in Ordnung, Herr von Dorsday. Um zehn Uhr, während alles noch in der Halle sitzt, wandern wir im Mondenschein über die Wiese, durch den Wald nach Ihrer berühmten selbstentdeckten Lichtung. Das Telegramm an die Bank bringen Sie für alle Fälle gleich mit. Denn eine Sicherheit darf ich doch wohl verlangen von einem solchen Spitzbuben wie Sie. Und um Mitternacht können Sie wieder nach Hause gehen, und ich bleibe mit meinem Vetter oder sonstwem auf der Wiese im Mondenschein. Sie haben doch nichts dagegen, Herr von Dorsday? Das dürfen Sie gar nicht. Und wenn ich morgen früh zufällig tot sein sollte, so wundern sie sich weiter nicht. Dann wird eben Paul das Telegramm aufgeben. Dafür wird schon gesorgt sein. Aber bilden Sie sich dann um Gottes willen nicht ein, daß Sie, elender Kerl, mich in den Tod getrieben haben. Ich weiß ja schon lange, daß es so mit mir enden wird. Fragen Sie doch nur meinen Freund Fred, ob ich es ihm nicht schon öfters gesagt habe. Fred, das ist nämlich Herr Friedrich Wenkheim, nebstbei der einzige anständige Mensch, den ich in meinem Leben kennengelernt habe. Der einzige, den ich geliebt hätte, wenn er nicht ein gar so anständiger Mensch wäre. Ja, ein so verworfenes Geschöpf bin ich. Bin nicht geschaffen für eine bürgerliche Existenz, und Talent habe ich auch

Abenteuer (n.): Ereignis (n.), Geschichte (f.), Affäre

weder ... noch: *ni ... ni*
das wäre erledigt: damit ist es endgültig (definitiv) zu Ende
... eigene Beine: mache mich selbständig, unabhängig
übrigen: anderen □ **Teilnehmer** (pl.): Publikum (n.)

alles ... sitzt: alle ... sitzen
wandern: gehen
nach: zu, auf Ihre □ **selbstentdeckten L.**: L., die Sie selbst gefunden haben □ **für alle Fälle**: vorsichtshalber
Sicherheit: Gewißheit (f.), Garantie (f.)
verlangen: fordern □ **Spitzbube**: Schuft (m.)

sonstwem: irgendjemand anderem

zufällig: durch Zufall
weiter nicht: nicht besonders (weil das etwas Normales ist)
dafür ... gesorgt sein: dar wird schon erledigt werden
bilden ... ein: denken Sie um Gottes willen nicht
daß Sie ... haben: daß ich wegen Ihnen Selbstmord gemacht habe □ **enden**: zu Ende gehen

öfters: oft, mehrmals
nebstbei: nebenbei gesagt

verworfenes: unmoralisches, unanständiges □ **geschaffen**: geboren, gemacht □ **bürgerliche**: *bourgeoise*

keines. Für unsere Familie wäre es sowieso das beste, sie stürbe aus. Mit dem Rudi wird auch schon irgendein Malheur geschehen. Der wird sich in Schulden stürzen für eine holländische Chansonette und bei Vanderhulst defraudieren. Das ist schon so in unserer Familie. Und der jüngste Bruder von meinem Vater, der hat sich erschossen, wie er fünfzehn Jahre alt war. Kein Mensch weiß, warum. Ich habe ihn nicht gekannt. Lassen Sie sich die Photographie zeigen, Herr von Dorsday. Wir haben sie in einem Album... Ich soll ihm ähnlich sehen. Kein Mensch weiß, warum er sich umgebracht hat. Und von mir wird es auch keiner wissen. Ihretwegen keinesfalls, Herr von Dorsday. Die Ehre tue ich Ihnen nicht an. Ob mit neunzehn oder einundzwanzig, das ist doch egal. Oder soll ich Bonne werden oder Telephonistin oder einen Herrn Wilomitzer heiraten oder mich von Ihnen aushalten lassen? Es ist alles gleich ekelhaft, und ich komme überhaupt gar nicht mit Ihnen auf die Wiese. Nein, das ist alles viel zu anstrengend und zu dumm und zu widerwärtig. Wenn ich tot bin, werden Sie schon die Güte haben und die paar tausend Gulden für den Papa absenden, denn es wäre doch zu traurig, wenn er gerade an dem Tage verhaftet würde, an dem man meine Leiche nach Wien bringt. Aber ich werde einen Brief hinterlassen mit testamentarischer Verfügung: Herr von Dorsday hat das Recht, meinen Leichnam zu sehen. Meinen schönen nackten Mädchenleichnam. So können Sie sich nicht beklagen, Herr von Dorsday, daß ich Sie übers Ohr gehaut habe. Sie haben doch was für Ihr Geld. Daß ich noch lebendig sein muß, das steht nicht in unserem Kontrakt. O nein. Das steht nirgends geschrieben. Also den Anblick meines Leichnams vermache ich dem

sowieso: ohnehin
stürbe aus Konj. 2 veralt (< aussterben): würde verschwinden
sich in Schulden stürzen: große Schulden machen, sehr viel Geld ausleihen
defraudieren (veralt): stehlen □ **schon**: nun einmal

wie: als

Ihretwegen: wegen Ihnen
keinesfalls: auf keinen Fall □ **die Ehre tue ich Ihnen nicht an**: das sind Sie mir nicht wert, das verdienen Sie nicht

aushalten lassen: als Mätresse unterhalten lassen

anstrengend: beschwerlich, ermüdend
widerwärtig: ekelhaft □ **werden ... haben**: werden Sie schon so gut sein □ **die paar tausend G.**: diese wenigen tausend G. (diese lächerliche Summe)

Verfügung (f.): Anweisung (f.), Bestimmung (f.)
meine Leiche: meinen toten Körper, meinen Leichnam
Sie ... beklagen: können Sie nicht bedauern
übers Ohr ... habe: Sie betrogen, übervorteilt habe

lebendig ≠ tot
nirgends: nirgenwo
Anblick: Ansicht (f.), Sicht □ **vermache ...** vererbe

Kunsthändler Dorsday, und Herrn Fred Wenkheim vermache ich mein Tagebuch aus meinem siebzehnten Lebensjahr — weiter habe ich nicht geschrieben —, und dem Fräulein bei Cissy vermache ich die fünf Zwanzigfrankssstücke, die ich vor Jahren aus der Schweiz mitgebracht habe. Sie liegen im Schreibtisch neben den Briefen. Und Bertha vermache ich das schwarze Abendkleid. Und Agathe meine Bücher. Und meinem Vetter Paul, dem vermache ich einen Kuß auf meine blassen Lippen. Und der Cissy vermache ich mein Rakett, weil ich edel bin. Und man soll mich gleich hier begraben in San Martino di Castrozza auf dem schönen kleinen Friedhof. Ich will nicht mehr zurück nach Hause. Auch als Tote will ich nicht mehr zurück. Und Papa und Mama sollen sich nicht kränken, mir geht es besser als ihnen. Und ich verzeihe ihnen. Es ist nicht schade um mich. — Haha, was für ein komisches Testament. Ich bin wirklich gerührt. Wenn ich denke, daß ich morgen um die Zeit, während die andern beim Diner sitzen, schon tot bin? — Die Tante Emma wird natürlich nicht zum Diner herunterkommen und Paul auch nicht. Sie werden sich auf dem Zimmer servieren lassen. Neugierig bin ich, wie sich Cissy benehmen wird. Nur werde ich es leider nicht erfahren. Gar nichts mehr werde ich erfahren. Oder vielleicht weiß man noch alles, solange man nicht begraben ist? Und am Ende bin ich nur scheintot. Und wenn der Herr von Dorsday an meinen Leichnam tritt, so erwache ich und schlage die Augen auf, da läßt er vor Schreck das Monokel fallen.

Aber es ist ja leider alles nicht wahr. Ich werde nicht scheintot sein und tot auch nicht. Ich werde mich überhaupt gar nicht umbringen, ich bin ja viel zu feig.

vor Jahren: vor vielen Jahren, vor langer Zeit

edel: großzügig, nobel

sollen ... kränken: sollen nicht traurig sein
es ist nicht ... um mich: man braucht nicht um mich zu trauern, ich bin das nicht wert
gerührt: bewegt

neugierig bin ich: ich möchte zu gerne wissen, gespannt bin ich
benehmen: verhalten
erfahren: hören, wissen

scheintot: nur anscheinend tot, aber noch lebendig
tritt < treten: kommt □ **schlage ... auf**: öffne die Augen
vor Schreck: vor Entsetzen
ja: natürlich

feig ≠ mutig

Wenn ich auch eine couragierte Kletterin bin, feig bin ich doch. Und vielleicht habe ich nicht einmal genug Veronal. Wieviel Pulver braucht man denn? Sechs glaube ich. Aber zehn ist sicherer. Ich glaube, es sind noch zehn. Ja, das werden genug sein.

Zum wievielten Mal lauf' ich jetzt eigentlich um das Hotel herum? Also was jetzt? Da steh' ich vor dem Tor. In der Halle ist noch niemand. Natürlich — sie sitzen ja noch alle beim Diner. Seltsam sieht die Halle aus so ganz ohne Menschen. Auf dem Sessel dort liegt ein Hut, ein Touristenhut, ganz fesch. Hübscher Gemsbart. Dort im Fauteuil sitzt ein alter Herr. Hat wahrscheinlich keinen Appetit mehr. Liest Zeitung. Dem geht's gut. Er hat keine Sorgen. Er liest ruhig Zeitung, und ich muß mir den Kopf zerbrechen, wie ich dem Papa dreißigtausend Gulden verschaffen soll. Aber nein. Ich weiß ja, wie. Es ist ja so furchtbar einfach. Was will ich denn? Was will ich denn? Was tu' ich denn da in der Halle? Gleich werden sie alle kommen vom Diner. Was soll ich denn tun? Herr von Dorsday sitzt gewiß auf Nadeln. Wo bleibt sie, denkt er sich. Hat sie sich am Ende umgebracht? Oder engagiert sie jemanden, daß er mich umbringt? Oder hetzt sie ihren Vetter Paul auf mich? Haben Sie keine Angst, Herr von Dorsday, ich bin keine so gefährliche Person. Ein kleines Luder bin ich, weiter nichts. Für die Angst, die Sie ausgestanden haben, sollen Sie auch Ihren Lohn haben. Zwölf Uhr, Zimmer Nummer fünfundsechzig. Im Freien wäre es mir doch zu kühl. Und von Ihnen aus, Herr von Dorsday, begebe ich mich direkt zu meinem Vetter Paul. Sie haben doch nichts dagegen, Herr von Dorsday?

»*Else! Else!*«

Kletterin (< klettern): Bergsteigerin

Pulver (pl.): Tabletten (z.B. Aspirintabletten)

zum wievielten Mal: wie oft

also was jetzt?: also was mache ich? wozu entscheide ich mich?

fesch (österr.): schick □ **Gemsbart** (m.): *touffe de poils de chamois*

dem geht's gut: der hat keine Probleme

ja: doch

sitzt gewiß auf Nadeln: ist sicher sehr ungeduldig

hetzt ... auf mich: läßt mich von ihrem Vetter P. verfolgen

weiter nichts: mehr nicht, sonst nichts □ **ausgestanden**: gehabt

Lohn (m.): Belohnung (f.), Dank (m.) □ **haben**: bekommen

von Ihnen aus: wenn ich von Ihnen weggehe

begebe ich mich: gehe ich □ **Sie haben doch nichts dagegen**: Sie sind doch einverstanden

Wie? Was? Das ist ja Pauls Stimme. Das Diner schon aus? — »*Else!*« — »Ach, Paul, was gibt's denn, Paul?« — Ich stell' mich ganz unschuldig. — »*Ja, wo steckst du denn, Else?*« — »Wo soll ich denn stecken? Ich bin spazierengegangen.« — »*Jetzt, während des Diners?*« — »Na, wann denn? Es ist doch die schönste Zeit dazu.« Ich red' Blödsinn. — »*Die Mama hat sich schon alles Mögliche eingebildet. Ich war an deiner Zimmertür, hab' geklopft.*« — »Hab' nichts gehört.« — »*Aber im Ernst, Else, wie kannst du uns in eine solche Unruhe versetzen! Du hättest Mama doch wenigstens verständigen können, daß du nicht zum Diner kommst.*« — »Du hast ja Recht, Paul, aber wenn du eine Ahnung hättest, was ich für Kopfschmerzen gehabt habe.« Ganz schmelzend red' ich. Oh, ich Luder. — »*Ist dir jetzt wenigstens besser?*« — »Könnt' ich eigentlich nicht sagen.« — *Ich will vor allem der Mama*« — »Halt Paul, noch nicht. Entschuldige mich bei der Tante, ich will nur für ein paar Minuten auf mein Zimmer, mich ein bißl herrichten. Dann komme ich gleich herunter und werde mir eine Kleinigkeit nachservieren lassen.« — »*Du bist so blaß, Else? — Soll ich dir die Mama hinaufschicken?*« — »Aber mach' doch keine solchen Geschichten mit mir, Paul, und schau' mich nicht so an. Hast du noch nie ein weibliches Wesen mit Kopfschmerzen gesehen? Ich komme bestimmt noch herunter. In zehn Minuten spätestens. Grüß dich Gott, Paul.« — »*Also auf Wiedersehen, Else.*« — Gott sei Dank, daß er geht. Dummer Bub', aber lieb. Was will denn der Portier von mir? Wie, ein Telegramm? »Danke. Wann ist denn die Depesche gekommen, Herr Portier?« — »*Vor einer Viertelstunde, Fräulein.*« — Warum schaut er mich denn

aus: vorbei, zu Ende
stell' mich: tue, als ob ich ganz unschuldig wäre
steckst: bist □ **wo soll ich ...**: welch eine dumme Frage

na, wann denn: warum fragst du so dumm
Blödsinn (m.): Unsinn (m.)
alles Mögliche: allerlei □ **eingebildet**: vorgestellt
geklopft: z.B. man klopft an eine fremde Tür, bevor man hineingeht □ **in eine ... versetzen**: so beunruhigen

verständigen: benachrichtigen, informieren
wenn du eine Ahnung hättest: wenn du dir denken, vorstellen könntest □ **Kopfschmerzen** (pl.): Migräne (f.)

wenigstens: zumindest
halt: stopp, nein

herrichten: schön machen
Kleinigkeit: etwas Kleines (wenig), kein komplettes Essen
blaß: weiß im Gesicht
... keine Geschichten mit mir (ugs.): sorge dich doch nicht so unnötig um mich, verwöhne mich nicht so
weibliches Wesen: eine Frau
bestimmt: ganz sicher, gewiß

Bub': Kerl, Junge

so an, so — bedauernd. Um Himmels willen, was wird denn da drinstehn? Ich mach' sie erst oben auf, sonst fall' ich vielleicht in Ohnmacht. Am Ende hat sich der Papa — Wenn der Papa tot ist, dann ist ja alles in Ordnung, dann muß ich nicht mehr mit Herrn von Dorsday auf die Wiese gehn... Oh, ich elende Person. Lieber Gott, mach', daß in der Depesche nichts Böses steht. Lieber Gott, mach', daß der Papa lebt. Verhaftet meinetwegen, nur nicht tot. Wenn nichts Böses drinsteht, dann will ich ein Opfer bringen. Ich werde Bonne, ich nehme eine Stellung in einem Bureau an. Sei nicht tot, Papa. Ich bin ja bereit. Ich tue ja alles, was du willst...

Gott sei Dank, daß ich oben bin. Licht gemacht, Licht gemacht. Kühl ist es geworden. Das Fenster war zu lange offen. Courage, Courage. Ha, vielleicht steht drin, daß die Sache geordnet ist. Vielleicht hat der Onkel Bernhard das Geld hergegeben und sie telegraphieren mir: Nicht mit Dorsday reden. Ich werde es ja gleich sehen. Aber wenn ich auf den Plafond schaue, kann ich natürlich nicht lesen, was in der Depesche steht. Trala, trala, Courage. Es muß ja sein. 'Wiederhole flehentliche Bitte, mit Dorsday reden. Summe nicht dreißig, sondern fünfzig. Sonst alles vergeblich. Adresse bleibt Fiala.' — Sondern fünfzig. Sonst alles vergeblich. Trala, trala. Fünfzig. Adresse bleibt Fiala. Aber gewiß, ob fünfzig oder dreißig, darauf kommt es ja nicht an. Auch dem Herrn von Dorsday nicht. Das Veronal liegt unter der Wäsche, für alle Fälle. Warum habe ich nicht gleich gesagt: fünfzig. Ich habe doch daran gedacht! Sonst alles vergeblich. Also hinunter, geschwind, nicht da auf dem Bett sitzen bleiben. Ein kleiner Irrtum, Herr von Dorsday, verzeihen Sie. Nicht dreißig, sondern fünfzig,

bedauernd: mitleidig
da drinstehen: in dem Telegramm stehen (da drin ugs: darin)
fall' ... Ohnmacht: verliere ich das Bewußtsein

Böses: Schlimmes ≠ Gutes

meinetwegen: das wäre nicht so schlimm
ein O. bringen: mich opfern, will alles für ihn machen
nehme ... an: akzeptiere □ **Stellung**: Arbeit (f.)
bereit: gewillt, willig
Licht gemacht: ich mache das Licht an

geordnet ist: in Ordnung, geregelt ist

flehentliche: nachdrückliche

vergeblich: umsonst

... hinunter (Imperativ); jetzt schnell hinuntergehen!
Irrtum: Fehler (m.). Versehen

sonst alles vergeblich. Adresse bleibt Fiala. — 'Sie halten mich wohl für einen Narren, Fräulein Else?' Keineswegs, Herr Vicomte, wie sollte ich. Für fünfzig müßte ich jedesfalls entsprechend mehr fordern, Fräulein. Sonst alles vergeblich, Adresse bleibt Fiala. Wie Sie wünschen, Herr von Dorsday. Bitte, befehlen Sie nur. Vor allem aber, schreiben Sie die Depesche an Ihr Bankhaus, natürlich, sonst habe ich ja keine Sicherheit. —

Ja, so mach' ich es. Ich komme zu ihm ins Zimmer und erst, wenn er vor meinen Augen die Depesche geschrieben — ziehe ich mich aus. Und die Depesche behalte ich in der Hand. Ha, wie unappetitlich. Und wo soll ich denn meine Kleider hinlegen? Nein, nein, ich ziehe mich schon hier aus und nehme den großen schwarzen Mantel um, der mich ganz einhüllt. So ist es am bequemsten. Für beide Teile. Adresse bleibt Fiala. Mir klappern die Zähne. Das Fenster ist noch offen. Zugemacht. Im Freien? Den Tod hätte ich davon haben können. Schuft! Fünfzigtausend. Er kann nicht nein sagen. Zimmer fünfundsechzig. Aber vorher sag' ich Paul, er soll in seinem Zimmer auf mich warten. Von Dorsday geh' ich direkt zu Paul und erzähle ihm alles. Und dann soll Paul ihn ohrfeigen. Ja, noch heute nacht. Ein reichhaltiges Programm. Und dann kommt das Veronal. Nein, wozu denn? Warum denn sterben? Keine Spur. Lustig, lustig, jetzt fängt ja das Leben erst an. Ihr sollt Euere Freude haben. Ihr sollt stolz werden auf Euer Töchterlein. Ein Luder will ich werden, wie es die Welt noch nicht gesehen hat. Adresse bleibt Fiala. Du sollst deine fünfzigtausend Gulden haben, Papa. Aber die nächsten, die ich mir verdiene, um die kaufe ich mir neue Nachthemden, mit Spitzen besetzt, ganz durchsich-

halten ... Narren : denken, ich bin ein Narr

wie sollte ich : wie könnte ich das
fordern : verlangen

befehlen (ie, a, o) : einen Befehl geben. (der Herr befiehlt dem Sklaven)

ziehe ich mich aus : lege ich meine Kleider ab
unappetitlich : ekelhaft, widerlich

einhüllt : umhüllt, umwickelt
bequemsten : besten □ **für ... Teile :** für beide
mir klappern die Z. : mir ist sehr kalt, ich zittere vor Kälte
den Tod ... können : ich hätte todkrank werden können

ihn ohrfeigen : ihm ins Gesicht schlagen
reichhaltiges : variiertes, abwechslungsreiches, großes
keine Spur : überhaupt nicht, keineswegs

ich mir verdiene : ich bezahlt bekomme □ **um die :** für die
mit S. besetzt : *incrustées de dentelles*

tig und köstliche Seidenstrümpfe. Man lebt nur einmal. Wozu schaut man denn so aus wie ich. Licht gemacht, — die Lampe über dem Spiegel schalt' ich ein. Wie schön meine blondroten Haare sind, und meine Schultern; meine Augen sind auch nicht übel. Hu, wie groß sie sind. Es wär' schad' um mich. Zum Veronal ist immer noch Zeit. — Aber ich muß ja hinunter. Tief hinunter. Herr Dorsday wartet, und er weiß noch nicht einmal, daß es indes fünfzigtausend geworden sind. Ja, ich bin im Preis gestiegen, Herr von Dorsday. Ich muß ihm das Telegramm zeigen, sonst glaubt er mir am Ende nicht und denkt, ich will ein Geschäft bei der Sache machen. Ich werde die Depesche auf sein Zimmer schicken und etwas dazu schreiben. Zu meinem lebhaften Bedauern sind es nun fünfzigtausend geworden, Herr von Dorsday, das kann Ihnen ja ganz egal sein. Und ich bin überzeugt, Ihre Gegenforderung war gar nicht ernst gemeint. Denn Sie sind ein Vicomte und ein Gentleman. Morgen früh werden Sie die fünfzigtausend, an denen das Leben meines Vaters hängt, ohne weiters an Fiala senden. Ich rechne darauf. — 'Selbstverständlich, mein Fräulein, ich sende für alle Fälle gleich hunderttausend, ohne jede Gegenleistung und verpflichte mich überdies, von heute an für den Lebensunterhalt Ihrer ganzen Familie zu sorgen, die Börsenschulden Ihres Herrn Papas zu zahlen und sämtliche veruntreute Mündelgelder zu ersetzen.' Adresse bleibt Fiala. Hahaha! Ja, genauso ist der Vicomte von Eperies. Das ist ja alles Unsinn. Was bleibt mir denn übrig? Es muß ja sein, ich muß es ja tun, alles muß ich tun, was Herr von Dorsday verlangt, damit der Papa morgen das Geld hat, — damit er nicht eingesperrt wird, damit er sich nicht umbringt. Und ich

durchsichtig: transparent (man kann durchsehen)

übel: schlecht
zum V.: für das V. □ **(dazu) ist immer noch Zeit:** das kann man noch überlegen, später machen □ **tief** ≠ hoch

indes: inzwischen, mittlerweile
ich bin im Preis gestiegen (< steigen): mein Preis ist höher geworden
ein Geschäft ... machen: an der Sache verdienen

lebhaften: großen

Gegenforderung: Bedingung (f.) □ **war gar nicht ernst gemeint:** sie forderten das nicht wirklich
an denen ... hängt: von denen ... abhängt
ohne weiteres: ganz einfach, ohne Umstände (Geschichten) zu machen

ohne Gegenleistung: ohne etwas dafür zu verlangen □ **überdies:** dazu, auch noch □ **Lebensunterhalt:** Versorgung (f.)

sämtliche: alle
ersetzen: zurückzahlen
was ... übrig: welche Wahl bleibt mir noch?

werde es auch tun. Ja, ich werde es tun, obzwar doch alles für die Katz' ist. In einem halben Jahr sind wir wieder geradesoweit wie heute! In vier Wochen! — Aber dann geht es mich nichts mehr an. Das eine Opfer bringe ich — und dann keines mehr. Nie, nie, niemals wieder. Ja, das sage ich dem Papa, sobald ich nach Wien komme. Und dann fort aus dem Haus, wo immer hin. Ich werde mich mit Fred beraten. Er ist der einzige, der mich wirklich gern hat. Aber so weit bin ich ja noch nicht. Ich bin nicht in Wien, ich bin noch in Martino di Castrozza. Noch nichts ist geschehen. Also wie, wie, was? Da ist das Telegramm. Was tue ich denn mit dem Telegramm? Ich habe es ja schon gewußt. Ich muß es ihm auf sein Zimmer schicken. Aber was sonst? Ich muß ihm etwas dazu schreiben. Nun ja, was soll ich ihm schreiben? Erwarten Sie mich um zwölf. Nein, nein, nein! Den Triumph soll er nicht haben. Ich will nicht, will nicht, will nicht. Gott sei Dank, daß ich die Pulver da habe. Das ist die einzige Rettung. Wo sind sie denn? Um Gottes willen, man wird sie mir doch nicht gestohlen haben. Aber nein, da sind sie ja. Da in der Schachtel. Sind sie noch alle da? Ja, da sind sie. Eins, zwei, drei, vier, fünf, sechs. Ich will sie ja nur ansehen, die lieben Pulver. Es verpflichtet ja zu nichts. Auch daß ich sie ins Glas schütte, verpflichtet ja zu nichts. Eins, zwei, — aber ich bringe mich ja sicher nicht um. Fällt mir gar nicht ein. Drei, vier, fünf — davon stirbt man auch noch lange nicht. Es wäre schrecklich, wenn ich das Veronal nicht mehr hätte. Da müßte ich mich zum Fenster hinunterstürzen und dazu hätt' ich doch nicht den Mut. Aber das Veronal, — man schläft langsam ein, wacht nicht mehr auf, keine Qual, kein Schmerz. Man

obzwar: obgleich, obwohl
alles ... ist: alles nichts nützt, alles sinnlos, umsonst ist
geradesoweit: an demselben Punkt, in derselben Situation
geht ... an: betrifft es mich nicht mehr

fort ... Haus: weg von der Familie □ **wo immer hin:** egal wohin **mich ... beraten:** werde F. um Rat fragen, mit F. darüber diskutieren □ **so weit ... nicht:** an diesem Punkt bin ich noch nicht angelangt, angekommen

was sonst?: was soll ich sonst noch tun?

Rettung (f.): Hilfe (f.)

verpflichtet: engagiert
schütte: leere, tue
fällt mir gar nicht ein: das mache ich garantiert nicht

keine Qual: es geht schmerzlos, problemlos

legt sich ins Bett; in einem Zuge trinkt man es aus, träumt, und alles ist vorbei. Vorgestern habe ich auch ein Pulver genommen und neulich sogar zwei. Pst, niemandem sagen. Heut' werden es halt ein bißl mehr sein. Es ist ja nur für alle Fälle. Wenn es mich gar, gar zu sehr grausen sollte. Aber warum soll es mich denn grausen? Wenn er mich anrührt, so spucke ich ihm ins Gesicht. Ganz einfach.

Aber wie soll ich ihm denn den Brief zukommen lassen? Ich kann doch nicht dem Herrn von Dorsday durch das Stubenmädchen einen Brief schicken. Das Beste, ich gehe hinunter und rede mit ihm und zeige ihm das Telegramm. Hinunter muß ich ja jedenfalls. Ich kann doch nicht da heroben im Zimmer bleiben. Ich hielte es ja gar nicht aus, drei Stunden lang — bis der Moment kommt. Auch wegen der Tante muß ich hinunter. Ha, was geht mich denn die Tante an. Was gehen mich die Leute an? Sehen Sie, meine Herrschaften, da steht das Glas mit dem Veronal. So, jetzt nehme ich es in die Hand. So, jetzt führe ich es an die Lippen. Ja, jeden Moment kann ich drüben sein, wo es keine Tanten gibt und keinen Dorsday und keinen Vater, der Mündelgelder defraudiert...

Aber ich werde mich nicht umbringen. Das habe ich nicht notwendig. Ich werde auch nicht zu Herrn von Dorsday ins Zimmer gehen. Fällt mir gar nicht ein. Ich werde mich doch nicht um fünfzigtausend Gulden nackt hinstellen vor einen alten Lebemann, um einen Lumpen vor dem Kriminal zu retten. Nein, nein, entweder oder. Wie kommt denn der Herr von Dorsday dazu? Gerade der? Wenn einer mich sieht, dann sollen mich auch andere sehen. Ja! — Herrlicher Gedanke! — Alle sollen

in einem Zuge: auf einmal, ohne abzusetzen, ohne eine Pause zu machen
neulich: vor kurzem, vor nicht langer Zeit
halt (süddt.): eben

... grausen: ekeln, wenn es zu widerlich wäre
anrührt: anfaßt

ich ihm ... zukommen lassen?: wie soll er den Brief bekommen?

Stubenmädchen: Zimmermädchen

heroben (österr.): hier oben
hielte (< halten) ... **aus** Konj. 2: würde es nicht ertragen

meine Herrschaften (pl.): meine Damen und Herren

führe: bringe
drüben: tot. im Jenseits

das ... notwendig: das habe ich nicht nötig, das brauche ich wirklich nicht zu tun

Lebemann (abwertend): älterer Frauenheld, "Casanova" □ **Lumpen** < Lump, Schuft □ **entweder oder**: *de deux choses l'une*
kommt ... dazu: welches Recht hat Herr von D. darauf?

sie mich sehen. Die ganze Welt soll mich sehen. Und dann kommt das Veronal. Nein, nicht das Veronal, — wozu denn?! dann kommt die Villa mit den Marmorstufen und die schönen Jünglinge und die Freiheit und die weite Welt! Guten Abend, Fräulein Else, so gefallen Sie mir. Haha. Da unten werden sie meinen, ich bin verrückt geworden. Aber ich war noch nie so vernünftig. Zum erstenmal in meinem Leben bin ich wirklich vernünftig. Alle, alle sollen sie mich sehen! — Dann gibt es kein Zurück, kein nach Hause zu Papa und Mama, zu den Onkeln und Tanten. Dann bin ich nicht mehr das Fräulein Else, das man an irgendeinen Direktor Wilomitzer verkuppeln möchte; alle hab' ich sie so zum Narren; — den Schuften Dorsday vor allem — und komme zum zweitenmal auf die Welt... sonst alles vergeblich — Adresse bleibt Fiala. Haha!

Keine Zeit mehr verlieren, nicht wieder feig werden. Herunter das Kleid. Wer wird der erste sein? Wirst du es sein, Vetter Paul? Dein Glück, daß der Römerkopf nicht mehr da ist. Wirst du diese schönen Brüste küssen heute nacht? Ah, wie bin ich schön. Bertha hat ein schwarzes Seidenhemd. Raffiniert. Ich werde noch viel raffinierter sein. Herrliches Leben. Fort mit den Strümpfen, das wäre unanständig. Nackt, ganz nackt. Wie wird mich Cissy beneiden! Und andere auch. Aber sie trauen sich nicht. Sie möchten ja alle so gern. Nehmt Euch ein Beispiel. Ich, die Jungfrau, ich traue mich. Ich werde mich ja zu Tod lachen über Dorsday. Da bin ich, Herr von Dorsday. Rasch auf die Post. Fünfzigtausend. So viel ist es doch wert?

Schön, schön bin ich! Schau' mich an, Nacht! Berge, schaut mich an! Himmel, schau' mich an, wie schön ich

die ganze Welt soll mich sehen: ich will, daß mich alle Menschen sehen

Jünglinge (pl.): junge Männer

meinen: glauben, denken
verrückt: wahnsinnig ≠ vernünftig

es gibt kein Zurück: ich kann die Sache nicht mehr aufhalten, kann nicht zurück
irgendeinen: an irgend so einen Mann wie D.W.
verkuppeln: verheiraten, vermitteln □ **alle ... zum Narren**: alle führe ich sie an der Nase herum, alle verspotte ich

herunter das K.: weg, fort mit dem Kleid! Schnell das Kleid ausgezogen!
Brüste (pl.): *seins*

raffiniert: schlau kalkuliert □ **raffinierter sein**: durchtriebener sein □ **fort mit den S.**: herunter die Strümpfe; und jetzt die Strümpfe ausgezogen!
beneiden: *envier*
möchten alle so gern: würden es alle so gern tun

zu Tod lachen: lachen, bis mir die Tränen kommen
rasch: geschwind, schnell

bin. Aber ihr seid ja blind. Was habe ich von euch. Die da unten haben Augen. Soll ich mir die Haare lösen? Nein. Da säh ich aus wie eine Verrückte. Aber Ihr sollt mich nicht für verrückt halten. Nur für schamlos sollt Ihr mich halten. Für eine Kanaille. Wo ist das Telegramm? Um Gottes willen, wo habe ich denn das Telegramm? Da liegt es ja, friedlich neben dem Veronal. 'Wiederhole flehentlich — fünfzigtausend — sonst alles vergeblich. Adresse bleibt Fiala.' Ja, das ist das Telegramm. Das ist ein Stück Papier und da stehen Worte darauf. Aufgegeben in Wien vier Uhr dreißig. Nein, ich träume nicht, es ist alles wahr. Und zu Hause warten sie auf die fünfzigtausend Gulden. Und Herr von Dorsday wartet auch. Er soll nur warten. Wir haben ja Zeit. Ah, wie hübsch ist es, so nackt im Zimmer auf- und abzuspazieren. Bin ich wirklich so schön wie im Spiegel? Ach, kommen Sie doch näher, schönes Fräulein. Ich will Ihre blutroten Lippen küssen. Ich will Ihre Brüste an meine Brüste pressen. Wie schade, daß das Glas zwischen uns ist, das kalte Glas. Wie gut würden wir uns miteinander vertragen. Nicht wahr? Wir brauchten gar niemanden andern. Es gibt vielleicht gar keine andern Menschen. Es gibt Telegramme und Hotels und Berge und Bahnhöfe und Wälder, aber Menschen gibt es nicht. Die träumen wir nur. Nur der Doktor Fiala existiert mit der Adresse. Es bleibt immer dieselbe. Oh, ich bin keineswegs verrückt. Ich bin nur ein wenig erregt. Das ist doch ganz selbstverständlich, bevor man zum zweitenmal auf die Welt kommt. Denn die frühere Else ist schon gestorben. Ja, ganz bestimmt bin ich tot. Da braucht man kein Veronal dazu. Soll ich es nicht weggießen? Das Stubenmädel könnte es aus Versehen

ihr seid ja blind: ihr seht nichts □ **was habe ich von euch**: (rethorische Frage, Antwort negativ) von euch habe ich nichts, ihr dient mir zu nichts □ **lösen**: aufmachen
schamlos: ohne Scham, unanständig, obszön

friedlich (< Friede): ruhig

aufgegeben ... vier Uhr dreißig: abgeschickt um 4 Uhr 30

auf- und abzuspazieren: hin- und herzugehen

Glas: Spiegel (m.) □ **wie gut würden wir uns miteinander vertragen**: würden wir uns (einander) verstehen

Bahnhöfe (pl.): z.B. Züge fahren am Bahnhof ab
träumen wir nur: bilden wir uns nur ein; das sind nur Illusionen

erregt: aufgeregt, nervös
auf die Welt kommt: geboren wird

dazu: dafür, zu diesem Zweck, zu dieser Sache
weggießen: wegschütten □ **aus V.**: ohne es zu wollen

trinken. Ich werde einen Zettel hinlegen und darauf schreiben: Gift; nein, lieber: Medizin, — damit dem Stubenmädel nichts geschieht. So edel bin ich. So. Medizin, zweimal unterstrichen und drei Ausrufungszeichen. Jetzt kann nichts passieren. Und wenn ich dann heraufkomme und keine Lust habe, mich umzubringen und nur schlafen will, dann trinke ich eben nicht das ganze Glas aus, sondern nur ein Viertel davon oder noch weniger. Ganz einfach. Alles habe ich in meiner Hand. Am einfachsten wäre, ich liefe hinunter — so wie ich bin, über Gang und Stiegen. Aber nein, da könnte ich aufgehalten werden, ehe ich unten bin — und ich muß doch die Sicherheit haben, daß der Herr von Dorsday dabei ist! Sonst schickt er natürlich das Geld nicht ab, der Schmutzian. — Aber ich muß ihm ja noch schreiben. Das ist doch das Wichtigste. Oh, kalt ist die Sessellehne, aber angenehm. Wenn ich meine Villa am italienischen See haben werde, dann werde ich in meinem Park immer nackt herumspazieren... Die Füllfeder vermache ich Fred, wenn ich einmal sterbe. Aber vorläufig habe ich etwas Gescheiteres zu tun, als zu sterben. 'Hochverehrter Herr Vicomte' — also vernünftig Else, keine Aufschrift, weder hochverehrt, noch hochverachtet. 'Ihre Bedingung, Herr von Dorsday, ist erfüllt.' — — — 'In dem Augenblick, da Sie diese Zeilen lesen, Herr von Dorsday, ist Ihre Bedingung erfüllt, wenn auch nicht ganz in der von Ihnen vorgesehenen Weise.' — 'Nein, wie gut das Mädel schreibt', möcht' der Papa sagen. — 'Und so rechne ich darauf, daß Sie Ihrerseits Ihr Wort halten und die fünfzigtausend Gulden telegraphisch an die bekannte Adresse unverzüglich anweisen lassen werden, Else.' Nein, nicht Else. Gar keine

Zettel: kleines Stück Papier (n.)
Medizin (f.): Medikament (n.)
Stubenmädel (n.): Mädchen, das aufräumt, Ordnung macht
unterstrichen: 2 Striche darunter □ **3 Ausrufungszeichen**: !!!

ein Viertel: ¼
alles habe ich in meiner Hand: ich kann über alles bestimmen

Stiegen (süddt.): Treppen
aufgehalten: angehalten, zurückgehalten □ **ehe**: bevor

Schmutzian (ugs.): Schuft, Lump, das Schwein

Sessellehne: (österr.) Lehne des Stuhls (für den Rücken zum Anlehnen) □ **angenehm**: schön

vorläufig: zuerst, vorerst □ **Gescheiteres**: Besseres, Intelligenteres □ **hochverehrtester**: *très honoré*
Aufschrift: *en-tête* □ **hochverachtet** (normal: *tief* v.) Assoziation von E. zu ≠ hochverehrt □ **erfüllt**: befriedigt (es ist gemacht worden, was Sie verlangt hatten) □ **Zeilen** (pl.): diesen kurzen Brief, diese Worte
in der von Ihnen vorgesehenen Weise: wie Sie es geplant, erwartet hatten □ **möcht'**: würde
Ihrerseits: was Sie betrifft
Ihr W. halten: tun, was Sie versprochen haben
unverzüglich: sofort, auf der Stelle

Unterschrift. So. Mein schönes gelbes Briefpapier! Hab' ich zu Weihnachten bekommen. Schad' drum. So — und jetzt Telegramm und Brief ins Kuvert. — 'Herrn von Dorsday', Zimmer Nummer fünfundsechzig. Wozu die Nummer? Ich lege ihm den Brief einfach vor die Tür im Vorbeigehen. Aber ich muß nicht. Ich muß überhaupt gar nichts. Wenn es mir beliebt, kann ich mich jetzt auch ins Bett legen und schlafen und mich um nichts mehr kümmern. Nicht um den Herrn von Dorsday und nicht um den Papa. Ein gestreifter Sträflingsanzug ist auch ganz elegant. Und erschossen haben sich schon viele. Und sterben müssen wir alle.

Aber du hast das alles vorläufig nicht nötig, Papa. Du hast ja deine herrlich gewachsene Tochter, und Adresse bleibt Fiala. Ich werde eine Sammlung einleiten. Mit dem Teller werde ich herumgehen. Warum sollte nur Herr von Dorsday zahlen? Das wäre ein Unrecht. Jeder nach seinen Verhältnissen. Wieviel wird Paul auf den Teller legen? Und wieviel der Herr mit dem goldenen Zwicker? Aber bildet Euch nur ja nicht ein, daß das Vergnügen lange dauern wird. Gleich hülle ich mich wieder ein, laufe die Treppen hinauf in mein Zimmer, sperre mich ein und, wenn es mir beliebt, trinke ich das ganze Glas auf einen Zug. Aber es wird mir nicht belieben. Es wäre nur eine Feigheit. Sie verdienen gar nicht so viel Respekt, die Schufte. Schämen vor Euch? Ich mich schämen vor irgend wem? Das habe ich wirklich nicht nötig. Laß dir noch einmal in die Augen sehen, schöne Else. Was du für Riesenaugen hast, wenn man näher kommt. Ich wollte, es küßte mich einer auf meine Augen, auf meinen blutroten Mund. Kaum über die Knöchel reicht mein Mantel. Man wird sehen, daß

Unterschrift < unterschreiben: man setzt seine U., seinen Namen, unter einen Brief
Kuvert (n.): Briefumschlag (m.)

im Vorbeigehen: im Vorübergehen, während ich an seiner Tür vorbeigehe

kümmern: sorgen

herrlich gewachsene T.: Tochter mit einem sehr schönen Körper, einer wunderbaren Figur □ **eine S. einleiten:** eine Geldsammlung organisieren
Unrecht (n.): Ungerechtigkeit (f.)
nach seinen Verhältnissen: jeder wird soviel geben, wie er kann (nach seiner finanziellen Lage, Situation)

schämen vor Euch: schämen (genieren) soll ich mich vor euch! (was fällt euch denn ein)

Riesenaugen: sehr große Augen

reicht: geht

meine Füße nackt sind. Was tut's, man wird noch mehr sehen! Aber ich bin nicht verpflichtet. Ich kann gleich wieder umkehren, noch bevor ich unten bin. Im ersten Stock kann ich umkehren. Ich muß überhaupt nicht hinuntergehen. Aber ich will ja. Ich freue mich darauf. Hab' ich mir nicht mein ganzes Leben lang so was gewünscht?

Worauf warte ich denn noch? Ich bin ja bereit. Die Vorstellung kann beginnen. Den Brief nicht vergessen. Eine aristokratische Schrift, behauptet Fred. Auf Wiedersehen, Else. Du bist schön mit dem Mantel. Florentinerinnen haben sich so malen lassen. In den Galerien hängen ihre Bilder und es ist eine Ehre für sie. — Man muß gar nichts bemerken, wenn ich den Mantel um habe. Nur die Füße, nur die Füße. Ich nehme die schwarzen Lackschuhe, dann denkt man, es sind fleischfarbene Strümpfe. So werde ich durch die Halle gehen, und kein Mensch wird ahnen, daß unter dem Mantel nichts ist, als ich, ich selber. Und dann kann ich immer noch herauf... — Wer spielt denn da unten so schön Klavier? Chopin? — Herr von Dorsday wird etwas nervös sein. Vielleicht hat er Angst vor Paul. Nur Geduld, Geduld, wird sich alles finden. Ich weiß noch gar nichts, Herr von Dorsday, ich bin selber schrecklich gespannt. Licht ausschalten! Ist alles in Ordnung in meinem Zimmer? Leb' wohl, Veronal, auf Wiedersehen. Leb' wohl, mein heißgeliebtes Spiegelbild. Wie du im Dunkel leuchtest. Ich bin schon ganz gewohnt, unter dem Mantel nackt zu sein. Ganz angenehm. Wer weiß, ob nicht manche so in der Halle sitzen und keiner weiß es? Ob nicht manche Dame so ins Theater geht und so in ihrer Loge sitzt — zum Spaß oder aus anderen

was tut's: was macht das schon, das ist doch egal

umkehren: zurückgehen

gewünscht: gewollt

Vorstellung: Theaterstück (n.)

Florentinerinnen (pl.): Frauen aus Florenz

um habe: um mich gehüllt habe

Lackschuhe: *escarpins vernis*
fleischfarbene: rosa wie die Haut
kein Mensch: niemand

herauf: wieder heraufkommen
Chopin?: ist das von Chopin?

wird ... finden: es wird sich f., man wird sehen, was passiert

gespannt: neugierig

heißgeliebtes: angebetetes □ **Spiegelbild**: Bild im Spiegel □ **im Dunkel** ≠ im Hellen □ **bin ... gewohnt** ... ich habe mich schon ganz daran gewöhnt
manche *(pronom indéfini pl.)*: einige Frauen
manche Dame: mehr Damen, als man denkt

Gründen.

Soll ich zusperren? Wozu? Hier wird ja nichts gestohlen. Und wenn auch — ich brauche ja nichts mehr. Schluß... Wo ist denn Nummer fünfundsechzig? Niemand ist auf dem Gang. Alles noch unten beim Diner. Einundsechzig... zweiundsechzig... das sind ja riesige Bergschuhe, die da vor der Türe stehen. Da hängt eine Hose am Haken. Wie unanständig. Vierundsechzig, fünfundsechzig. So. Da wohnt er, der Vicomte... Da unten lehn' ich den Brief hin, an die Tür. Da muß er ihn gleich sehen. Es wird ihn doch keiner stehlen? So, da liegt er... Macht nichts... Ich kann noch immer tun, was ich will. Hab' ich ihn halt zum Narren gehalten... Wenn ich ihm nur jetzt nicht auf der Treppe begegne. Da kommt ja... nein, das ist er nicht!... Der ist viel hübscher als der Herr von Dorsday, sehr elegant, mit dem kleinen schwarzen Schnurrbart. Wann ist denn der angekommen? Ich könnte eine kleine Probe veranstalten — ein ganz klein wenig den Mantel lüften. Ich habe große Lust dazu. Schauen Sie mich nur an, mein Herr. Sie ahnen nicht, an wem Sie da vorübergehen. Schade, daß Sie gerade jetzt sich heraufbemühen. Warum bleiben Sie nicht in der Halle? Sie versäumen etwas. Große Vorstellung. Warum halten Sie mich nicht auf? Mein Schicksal liegt in Ihrer Hand. Wenn Sie mich grüßen, so kehre ich wieder um. So grüßen Sie mich doch. Ich sehe Sie doch so liebenswürdig an... Er grüßt nicht. Vorbei ist er. Er wendet sich um, ich spüre es. Rufen Sie, grüßen Sie! Retten Sie mich! Vielleicht sind Sie an meinem Tode schuld, mein Herr! Aber Sie werden es nie erfahren. Adresse bleibt Fiala...

Wo bin ich? Schon in der Halle? Wie bin ich daher

und wenn auch: und wenn schon, wenn das auch der Fall wäre

alles: alle Leute

riesige Bergschuhe: sehr große Schuhe zum Bergsteigen
Hose: *pantalon* □ **Haken**: z.B. man hängt die Kleider an einen Haken
lehn' ... Tür: stelle gegen die Tür
es wird ihn doch keiner stehlen *(emploi modal du futur)*: wenn ihn nur niemand nimmt
halt: eben

Schnurrbart (m.): *moustache*
Probe: Experiment (n.) □ **veranstalten**: organisieren
lüften: heben, öffnen

heraufbemühen: heraufkommen, sich die Mühe machen, heraufzukommen □ **versäumen**: verpassen, lassen sich etwas entgehen

Schicksal (n.): Zukunft (f.)

wendet sich um: dreht sich um

daher: hierher, an diesen Ort

gekommen? So wenig Leute und so viele Unbekannte. Oder sehe ich so schlecht? Wo ist Dorsday? Er ist nicht da. Ist es ein Wink des Schicksals? Ich will zurück. Ich will einen andern Brief an Dorsday schreiben. Ich erwarte Sie in meinem Zimmer um Mitternacht. Bringen Sie die Depesche an Ihre Bank mit. Nein. Er könnte es für eine Falle halten. Könnte auch eine sein. Ich könnte Paul bei mir versteckt haben, und er könnte ihn mit dem Revolver zwingen, uns die Depesche auszuliefern. Erpressung. Ein Verbrecherpaar. Wo ist Dorsday? Dorsday, wo bist du? Hat er sich vielleicht umgebracht, aus Reue über meinen Tod? Im Spielzimmer wird er sein. Gewiß. An einem Kartentisch wird er sitzen. Dann will ich ihm von der Tür aus mit den Augen ein Zeichen geben. Er wird sofort aufstehen. 'Hier bin ich, mein Fräulein.' Seine Stimme wird klingen. 'Wollen wir ein wenig promenieren, Herr Dorsday?' 'Wie es beliebt, Fräulein Else.' Wir gehen über den Marienweg zum Walde hin. Wir sind allein. Ich schlage den Mantel auseinander. Die fünfzigtausend sind fällig. Die Luft ist kalt, ich bekomme eine Lungenentzündung und sterbe... Warum sehen mich die zwei Damen an? Merken sie was? Warum bin ich denn da? Bin ich verrückt? Ich werde zurückgehen in mein Zimmer, mich geschwind ankleiden, das blaue, drüber den Mantel wie jetzt, aber offen, da kann niemand glauben, daß ich vorher nichts angehabt habe... Ich kann nicht zurückt. Ich will auch nicht zurück. Wo ist Paul? Wo ist Tante Emma? Wo ist Cissy? Wo sind sie denn alle? Keiner wird es merken... Man kann es ja gar nicht merken. Wer spielt so schön? Chopin? Nein, Schumann.

Ich irre in der Halle umher wie eine Fledermaus.

Wink (m.): Zeichen

Falle: z.B. Mäuse werden in einer Falle gefangen

zwingen: nötigen *(forcer)* □ **auszuliefern**: zu übergehen
Verbrecherpaar (n.): zwei Kriminelle, Komplizen

Reue (f.): Gewissensbissen (pl.) □ **im Spielzimmer wird er sein** *(emploi modal du futur)*: sicher ist er im S.

schlage ... auseinander: lüfte, öffne den Mantel
fällig: müssen jetzt von ihm bezahlt werden
Lungenentzündung: Pneumonie (f.)

das blaue: das blaue Kleid
nichts angehabt habe: nackt war

irre ... umher: laufe ziellos □ **Fledermaus**: *chauve-souris*

Fünfzigtausend! Die Zeit vergeht. Ich muß diesen verfluchten Herrn von Dorsday finden. Nein, ich muß in mein Zimmer zurück... Ich werde Veronal trinken. Nur einen kleinen Schluck, dann werde ich gut schlafen... Nach getaner Arbeit ist gut ruhen... Aber die Arbeit ist noch nicht getan... Wenn der Kellner den schwarzen Kaffee dem alten Herrn dort serviert, so geht alles gut aus. Und wenn er ihn dem jungen Ehepaar in der Ecke bringt, so ist alles verloren. Wieso? Was heißt das? Zu dem alten Herrn bringt er den Kaffee. Triumph? Alles geht gut aus. Ha, Cissy und Paul! Da draußen vor dem Hotel gehen sie auf und ab. Sie reden ganz vergnügt miteinander. Er regt sich nicht sonderlich auf wegen meiner Kopfschmerzen. Schwindler!... Cissy hat keine so schönen Brüste wie ich. Freilich, sie hat ja ein Kind... Was reden die zwei? Wenn man es hören könnte! Was geht es mich an, was sie reden? Aber ich könnte auch vors Hotel gehen, ihnen guten Abend wünschen und dann weiter, weiterflattern über die Wiese, in den Wald, hinaufsteigen, klettern, immer höher, bis auf den Cimone hinauf, mich hinlegen, einschlafen, erfrieren. Geheimnisvoller Selbstmord einer jungen Dame der Wiener Gesellschaft. Nur mit einem schwarzen Abendmantel bekleidet, wurde das schöne Mädchen an einer unzugänglichen Stelle des Cimone della Pala tot aufgefunden... Aber vielleicht findet man mich nicht... Oder erst im nächsten Jahr. Oder noch später. Verwest. Als Skelett. Doch besser, hier in der geheizten Halle sein und nicht erfrieren. Nun, Herr von Dorsday, wo stecken Sie denn eigentlich? Bin ich verpflichtet zu warten? Sie haben mich zu suchen, nicht ich Sie. Ich will noch im Spielsaal nachschauen. Wenn er dort nicht ist, hat er sein

vergeht: geht vorüber, vorbei
verfluchten: verdammten

einen kleinen Schluck: ganz wenig
nach ... ruhen (Sprichwort): nach der Arbeit schläft man gut
Kellner: Servierer
geht alles gut aus: hat alles ein gutes Ende

verloren < verlieren ≠ gewinnen

vergnügt: fröhlich, lustig
er regt sich nicht sonderlich auf: sorgt sich nicht besonders □
Schwindler (m.): Lügner

weiterflattern: eine Fledermaus fliegt nicht, sie flattert
immer höher (< hoch): höher und höher
erfrieren: vor Kälte sterben
geheimnisvoller: mysteriöser

an einer unzugänglichen Stelle: an einem Ort, der sehr schwer zu erreichen ist, wo niemand hinkommen kann

verwest: verfault
geheizten: warmen (wir heizen z.B, mit Zentralheizung)
stecken: sind

haben mich zu suchen: müssen mich suchen
nachschauen: nachsehen, suchen, kontrollieren

Recht verwirkt. Und ich schreibe ihm: Sie waren nicht zu finden, Herr von Dorsday, Sie haben freiwillig verzichtet; das entbindet Sie nicht von der Verpflichtung, das Geld sofort abzuschicken. Das Geld. Was für ein Geld denn? Was kümmert mich das? Es ist mir doch ganz gleichgültig, ob er das Geld abschickt oder nicht. Ich habe nicht das geringste Mitleid mehr mit Papa. Mit keinem Menschen habe ich Mitleid. Auch mit mir selber nicht. Mein Herz ist tot. Ich glaube, es schlägt gar nicht mehr. Vielleicht habe ich das Veronal schon getrunken... Warum schaut mich die holländische Familie so an? Man kann doch unmöglich was merken. Der Portier sieht mich auch so verdächtig an. Ist vielleicht noch eine Depesche gekommen? Achtzigtausend? Hunderttausend? Adresse bleibt Fiala. Wenn eine Depesche da wäre, würde er es mir sagen. Er sieht mich hochachtungsvoll an. Er weiß nicht, daß ich unter dem Mantel nichts anhabe. Niemand weiß es. Ich gehe zurück in mein Zimmer. Zurück, zurück, zurück! Wenn ich über die Stufen stolperte, das wäre eine nette Geschichte. Vor drei Jahren auf dem Wörthersee ist eine Dame ganz nackt hinausgeschwommen. Aber noch am selben Nachmittag ist sie abgereist. Die Mama hat gesagt, es ist eine Operettensängerin aus Berlin. Schumann? Ja, Karneval. Die oder der spielt ganz schön. Das Kartenzimmer ist aber rechts. Letzte Möglichkeit, Herr von Dorsday. Wenn er dort ist, winke ich ihn mit den Augen zu mir her und sage ihm, um Mitternacht werde ich bei Ihnen sein, Sie Schuft. — Nein, Schuft sage ich ihm nicht. Aber nachher sage ich es ihm... Irgendwer geht mir nach. Ich wende mich nicht um. Nein, nein. —

»*Else!*« — Um Gottes willen, die Tante. Weiter,

verwirkt: verloren
freiwillig: von selbst
verzichtet: entsagt, nicht gewollt □ **entbindet**: befreit □ **Verpflichtung** (f.) < verpflichtet sein: müssen

gleichgültig: egal
nicht das geringste M. ...: überhaupt kein Mitleid, er tut mir gar nicht mehr leid
Herz (n.): Else liest einen französischen Roman "Notre Cœur" = "Unser Herz"
holländische F.: Familie aus Holland

verdächtig: seltsam, zweideutig, als ob er etwas bemerkt hätte

hochachtungsvoll: (normalerweise eine Formel am Briefende, hier psychologische Assoziation von Else): mit Hochachtung, mit größtem Respekt

stolperte: fiele < fallen □ **nette Geschichte** (iron.): das wäre etwas!
hinausgeschwommen < schwimmen: weit geschwommen
abgereist: weggefahren

Kartenzimmer: der Salon, wo man Karten spielt

winke ... her: gebe ihm mit den Augen zu verstehen, daß er zu mir kommen soll

geht mir nach: folgt mir

weiter! »*Else!*« — Ich muß mich umdrehen, es hilft mir nichts. »Oh, guten Abend, Tante.« — »*Ja, Else, was ist denn mit dir? Grad wollte ich zu dir hinaufschauen. Paul hat mir gesagt — — Ja, wie schaust du denn aus?*« — »Wie schau ich denn aus, Tante? Es geht mir schon ganz gut. Ich habe auch eine Kleinigkeit gegessen.« Sie merkt was, sie merkt was. — »*Else — du hast ja — keine Strümpfe an!*« — »Was sagst du da, Tante? Meiner Seel, ich habe keine Strümpfe an. Nein —!« — »*Ist dir nicht wohl, Else? Deine Augen — du hast Fieber.*« — »Fieber? Ich glaub nicht. Ich hab' nur so furchtbare Kopfschmerzen gehabt, wie nie in meinem Leben noch.« — »*Du mußt sofort zu Bett, Kind, du bist totenblaß.*« — »Das kommt von der Beleuchtung, Tante. Alle Leute sehen hier blaß aus in der Halle.« Sie schaut so sonderbar an mir herab. Sie kann doch nichts merken? Jetzt nur die Fassung bewahren. Papa ist verloren, wenn ich nicht die Fassung bewahre. Ich muß etwas reden. »Weißt du, Tante, was mir heuer in Wien passiert ist? Da bin ich einmal mit einem gelben und einem schwarzen Schuh auf die Straße gegangen.« Kein Wort ist wahr. Ich muß weiterreden. Was sag' ich nur? »Weißt du, Tante, nach Migräneanfällen habe ich manchmal solche Anfälle von Zerstreutheit. Die Mama hat das auch früher gehabt.« Nicht ein Wort ist wahr. — »*Ich werde jedenfalls um den Doktor schicken.*« — »Aber ich bitte dich, Tante, es ist ja gar keiner im Hotel. Man müßt einen aus einer anderen Ortschaft holen. Der würde schön lachen, daß man ihn holen läßt, weil ich keine Strümpfe anhabe. Haha.« Ich sollte nicht so laut lachen. Das Gesicht von der Tante ist angstverzerrt. Die Sache ist ihr unheimlich. Die Augen fallen ihr

es ... nichts: ich kann nichts anderes tun

grad (ugs.): gerade, eben □ **zu dir hinaufschauen**: in dein Zimmer kommen □ **wie schaust du denn aus**: wie bist du denn angezogen? □ **wie schau ich denn aus**: krank vielleicht? (Else spricht von ihrem Aussehen im Gesicht)

meiner Seel (österr. ugs.): ja wirklich
ist dir nicht wohl, E.?: geht es dir nicht gut, E.?

nie ... noch: wie noch nie in meinem Leben

totenblaß: ganz weiß im Gesicht □ **Beleuchtung** (f.): das Licht hier
schaut ... herab: sieht mich ... von oben bis unten an
die Fassung bewahren: nicht nervös werden, ich muß mich beherrschen

Migräneanfällen (Dat. pl.): Anfall (m.): Attacke (f.)
Zerstreutheit (f.) < zerstreut: unkonzentriert

um den Dr. schicken: nach dem Dr. s., den Dr. holen lassen
aber ich bitte dich (drückt Ungeduld aus): du weißt doch
Ortschaft (f.): Dorf (n.), Ort (m.)
schön: sehr

angstverzerrt: vor Angst entstellt
die S. ist ihr unheimlich: beängstigt sie sehr

heraus. — »*Sag', Else, hast du nicht zufällig Paul gesehen?*« — Ah, sie will sich Sukkurs verschaffen. Fassung, alles steht auf dem Spiel. »Ich glaube, er geht auf und ab vor dem Hotel mit Cissy Mohr, wenn ich nicht irre.« — »*Vor dem Hotel? Ich werde sie beide herbeiholen. Wir wollen noch alle einen Tee trinken, nicht wahr?*« — »Gern.« Was für ein dummes Gesicht sie macht. Ich nicke ihr ganz freundlich und harmlos zu. Fort ist sie. Ich werde jetzt in mein Zimmer gehen. Nein, was soll ich denn in meinem Zimmer tun? Es ist höchste Zeit, höchste Zeit. Fünfzigtausend, fünfzigtausend. Warum laufe ich denn so? Nur langsam, langsam... Was will ich denn? Wie heißt der Mann? Herr von Dorsday. Komischer Name... Da ist ja das Spielzimmer. Grüner Vorhang vor der Tür. Man sieht nichts. Ich stelle mich auf die Zehenspitzen. Die Whistpartie. Die spielen jeden Abend. Dort spielen zwei Herren Schach. Herr von Dorsday ist nicht da. Viktoria. Gerettet! Wieso denn? Ich muß weiter suchen. Ich bin verdammt, Herrn von Dorsday zu suchen bis an mein Lebensende. Er sucht mich gewiß auch. Wir verfehlen uns immerfort. Vielleicht sucht er mich oben. Wir werden uns auf der Stiege treffen. Die Holländer sehen mich wieder an. Ganz hübsch die Tochter. Der alte Herr hat eine Brille, eine Brille, eine Brille... Fünfzigtausend. Es ist ja nicht so

die A. fallen ihr heraus: ihre Augen treten ihr aus Angst hervor
Sukkurs (österr. veralt.): Hilfe (f.)

wenn ich nicht irre: wenn ich mich nicht täusche, wenn ich richtig sehe
herbeiholen: herholen
was für ein dummes G. sie macht: wie stupide sie um sich sieht
harmlos: mit unschuldiger (naiver) Miene

es ist höchste Zeit: es ist schon sehr spät, (ich muß sofort handeln) ≠ es ist noch viel Zeit, früh

stelle mich auf die Z.: damit ich größer bin und mehr sehe

Schach: Spiel mit König, Turm, Dame u.s.w.
Viktoria: Sieg (m.) □ **wieso denn**: stimmt ja nicht, ist ja nicht wahr, (wie das)
bis ... Lebensende: biz zu meinem Tod
verfehlen: verpassen □ **immerfort**: immerzu, immer wieder, die ganze Zeit

eine Brille: Augengläser, (weil er schlecht sieht)

viel. Fünfzigtausend, Herr von Dorsday. Schumann? Ja, Karneval... Hab' ich auch einmal studiert. Schön spielt sie. Warum denn sie? Vielleicht ist es ein Er? Vielleicht ist es eine Virtuosin? Ich will einen Blick in den Musiksalon tun.

Da ist ja die Tür. — — Dorsday! Ich falle um. Dorsday! Dort steht er am Fenster und hört zu. Wie ist das möglich? Ich verzehre mich — ich werde verrückt — ich bin tot — und er hört einer fremden Dame Klavierspielen zu. Dort auf dem Diwan sitzen zwei Herren. Der Blonde ist erst heute angekommen. Ich hab' ihn aus dem Wagen steigen sehen. Die Dame ist gar nicht mehr jung. Sie ist schon ein paar Tage lang hier. Ich habe nicht gewußt, daß sie so schön Klavier spielt.

Sie hat es gut. Alle Menschen haben es gut... nur ich bin verdammt... Dorsday! Dorsday! Ist er das wirklich? Er sieht mich nicht. Jetzt schaut er aus, wie ein anständiger Mensch. Er hört zu. Fünfzigtausend! Jetzt oder nie. Leise die Tür aufgemacht. Da bin ich, Herr von Dorsday! Er sieht mich nicht. Ich will ihm nur ein Zeichen mit den Augen geben, dann werde ich den Mantel ein wenig lüften, das ist genug. Ich bin ja ein junges Mädchen. Bin ein anständiges junges Mädchen aus guter Familie. Bin ja keine Dirne... Ich will fort. Ich will Veronal nehmen und schlafen. Sie haben sich geirrt,

studiert : gelernt
ein Er : ein Mann (eine Sie : eine Frau)
einen Blick ... tun : kurz in den Musiksalon hineinsehen

falle um : werde ohnmächtig

verzehre mich : leide so furchtbar
fremden : unbekannten

schon ein paar Tage lang : schon seit einigen Tagen

sie hat es gut : ihr geht es gut, sie hat ein schönes, leichtes Leben
anständiger Mensch : jemand, der aufrichtig, ehrlich, (integer) ist

Herr von Dorsday, ich bin keine Dirne. Adieu, adieu!... Ha, er schaut auf. Da bin ich, Herr von Dorsday. Was für Augen er macht. Seine Lippen zittern. Er bohrt seine Augen in meine Stirn. Er ahnt nicht, daß ich nackt bin unter dem Mantel. Lassen Sie mich fort, lassen Sie mich fort! Seine Augen glühen. Seine Augen drohen. Was wollen Sie von mir? Sie sind ein Schuft. Keiner sieht mich als er. Sie hören zu. So kommen Sie doch, Herr von Dorsday! Merken Sie nichts? Dort im Fauteuil — Herrgott, im Fauteuil — das ist ja der Filou! Himmel, ich danke dir. Er ist wieder da, er ist wieder da! Er war nur auf einer Tour! Jetzt ist er wieder da. Der Römerkopf ist wieder da. Mein Bräutigam, mein Geliebter. Aber er sieht mich nicht. Er soll mich auch nicht sehen. Was wollen Sie, Herr von Dorsday? Sie schauen mich an, als wenn ich Ihre Sklavin wäre. Ich bin nicht Ihre Sklavin. Fünfzigtausend! Bleibt es bei unserer Abmachung, Herr von Dorsday? Ich bin bereit. Da bin ich. Ich bin ganz ruhig. Ich lächle. Verstehen Sie meinen Blick? Sein Auge spricht zu mir: Komm! Sein Auge spricht: Ich will dich nackt sehen. Nun, du Schuft, ich bin ja nackt. Was willst du denn noch? Schick die Depesche ab... Sofort... Es rieselt durch meine Haut. Die Dame spielt weiter. Köstlich rieselt es durch meine Haut. Wie wundervoll ist es, nackt zu sein. Die Dame spielt

schaut auf: hebt seinen Kopf □ **was für A. er macht**: wie er mich anblickt □ **zittern**: beben, zucken

fort: weggehen
glühen: z.B. heißes Metall glüht □ **drohen**: er will mir mit seinem Blick Angst machen
als er: außer ihm, (nur er sieht mich)

Abmachung (f.): Arrangement (f.), Vertrag (m.) f

rieselt durch meine H.: ein Wonneschauer, ein herrlich angenehmes Gefühl läuft über meinen Körper

weiter, sie weiß nicht, was hier geschieht. Niemand weiß es. Keiner noch sieht mich. Filou, Filou! Nackt stehe ich da. Dorsday reißt die Augen auf. Jetzt endlich glaubt er es. Der Filou steht auf. Seine Augen leuchten. Du verstehst mich, schöner Jüngling. »Haha!« Die Dame spielt nicht mehr. Der Papa ist gerettet. Fünfzigtausend! Adresse bleibt Fiala! »Ha, ha, ha!« Wer lacht denn da? Ich selber? »Ha, ha, ha!« Was sind denn das für Gesichter um mich? »Ha, ha, ha!« Zu dumm, daß ich lache. Ich will nicht lachen, ich will nicht. »Haha!« — »*Else!*« — Wer ruft Else? Das ist Paul. Er muß hinter mir sein. Ich spüre einen Luftzug über meinen nackten Rücken! Es saust in meinen Ohren. Vielleicht bin ich schon tot? Was wollen Sie, Herr von Dorsday? Warum sind Sie so groß und stürzen über mich her? »Ha, ha, ha!«

Was habe ich denn getan? Was habe ich getan? Was habe ich getan? Ich falle um. Alles ist vorbei. Warum ist denn keine Musik mehr? Ein Arm schlingt sich um meinen Nacken. Das ist Paul. Wo ist denn der Filou? Da lieg ich. »Ha, ha, ha!« Der Mantel fliegt auf mich herab. Und ich liege da. Die Leute halten mich für ohnmächtig. Nein, ich bin nicht ohnmächtig. Ich bin bei

um mich: rund um mich, um mich herum

Luftzug: kalte Luft
es saust in meinen Ohren: *mes oreilles bourdonnent*

stürzen über mich her: fallen über mich her

schlingt sich um meinen N.: umfaßt meinen Nacken, (nimmt mich am Hals)
fliegt ... herab: fällt auf mich herunter

vollem Bewußtsein. Ich bin hundertmal wach, ich bin tausendmal wach. Ich muß nur immer lachen. »Ha, ha, ha!« Jetzt haben Sie Ihren Willen, Herr von Dorsday, Sie müssen das Geld für Papa schicken. Sofort. »Haaaah!« Ich will nicht schreien, und ich muß immer schreien. Warum muß ich denn schreien. — Meine Augen sind zu. Niemand kann mich sehen. Papa ist gerettet. — *»Else!«* — Das ist die Tante. — *»Else! Else!«* — *»Ein Arzt, ein Arzt!«* — *»Geschwind zum Portier!«* — *»Was ist denn passiert?«* — *»Das ist ja nicht möglich.«* — *»Das arme Kind.«* — Was reden sie denn da? Was murmeln sie denn da? Ich bin kein armes Kind. Ich bin glücklich. Der Filou hat mich nackt gesehen. Oh, ich schäme mich so. Was habe ich getan? Nie wieder werde ich die Augen öffnen. — *»Bitte, die Türe schließen.«* — Warum soll man die Türe schließen? Was für Gemurmel. Tausend Leute sind um mich. Sie halten mich alle für ohnmächtig. Ich bin nicht ohnmächtig. Ich träume nur. — *»Beruhigen Sie sich doch, gnädige Frau.«* — *»Ist schon um den Arzt geschickt?«* — *»Es ist ein Ohnmachtsanfall.«* — Wie weit sie alle weg sind. Sie sprechen alle vom Cimone herunter. — *»Man kann sie doch nicht auf dem Boden liegen lassen.«* — *»Hier ist ein Plaid.«* — *»Eine Decke.«* — *»Decke oder Plaid, das ist ja gleichgültig.«* — *»Bitte doch um Ruhe.«* — *»Auf den Diwan.«* — *»Bitte doch endlich die Türe zu schließen.«* — *»Nicht so nervös sein, sie ist ja geschlossen.«* — *»Else! Else!«* — Wenn die Tante nur endlich still wär! — *»Hörst du mich, Else?«* — *»Du siehst doch, Mama, daß sie ohnmächtig ist.«* — Ja, Gott sei Dank, für Euch bin ich ohnmächtig. Und ich bleibe auch ohnmächtig. — *»Wir müssen sie auf ihr Zimmer bringen.«* — *»Was ist*

bei ... B.: ich bin ganz wach ≠ ohnmächtig □ **hundertmal:** total, ganz und gar

Ihren Willen: was Sie wollen

schreien: laut rufen

murmeln sie denn da: reden Sie denn so leise

Gemurmel (n.) < murmeln

ist schon um den Arzt geschickt: ... geschickt worden? Hat man schon den Arzt gerufen?

still wäre: schweigen, nichts mehr sagen würde

denn da geschehen? Um Gottes willen!« — Cissy. Wie kommt denn Cissy auf die Wiese. Ach, es ist ja nicht die Wiese. — *»Else!«* — *»Bitte um Ruhe.«* — *»Bitte ein wenig zurücktreten.«* — Hände, Hände unter mir. Was wollen sie denn? Wie schwer ich bin. Pauls Hände. Fort, fort. Der Filou ist in meiner Nähe, ich spüre es. Und Dorsday ist fort. Man muß ihn suchen. Er darf sich nicht umbringen, ehe er die fünfzigtausend abgeschickt hat. Meine Herrschaften, er ist mir Geld schuldig. Verhaften Sie ihn. *»Hast du eine Ahnung, von wem die Depesche war, Paul?«* — *»Guten Abend, meine Herrschaften.«* — *»Else, hörst du mich?«* — *»Lassen Sie sie doch, Frau Cissy.«* — *»Ach Paul.«* — *»Der Direktor sagt, es kann vier Stunden dauern, bis der Doktor da ist.«* — *»Sie sieht aus, als wenn sie schliefe.«* — Ich liege auf dem Diwan, Paul hält meine Hände, er fühlt mir den Puls. Richtig, er ist ja Arzt. — *»Von Gefahr ist keine Rede, Mama. Ein — Anfall.«* — *»Keinen Tag länger bleibe ich im Hotel.«* — *»Bitte dich, Mama.«* — *»Morgen früh reisen wir ab.«* — *»Aber einfach über die Dienerschaftsstiege. Die Tragbahre wird sofort hier sein.«* — Bahre? Bin ich nicht heute schon auf einer Bahre gelegen? War ich nicht schon tot? Muß ich denn noch einmal sterben? — *»Wollen Sie nicht dafür sorgen, Herr Direktor, daß die Leute sich endlich von der Türe entfernen.«* — *»Rege dich docht nicht auf, Mama.«* — *»Es ist eine Rücksichtslosigkeit von den Leuten.«* — Warum flüstern sie denn alle? Wie in einem Sterbezimmer. Gleich wird die Bahre da sein. Mach' auf das Tor, Herr Matador! — *»Der Gang ist frei.«* — *»Die Leute könnten doch wenigstens so viel Rücksicht haben.«* — *»Ich bitte dich, Mama, beruhige dich doch.«* — *»Bitte,*

wie kommt denn C. auf die Wiese: wieso ist C. auf der Wiese? Was macht denn C. auf der Wiese?

zurücktreten: zurückgehen, Platz machen für Else
schwer ≠ leicht
in meiner Nähe: nahe bei mir

hast du eine Ahnung: weißt du vielleicht, hast du eine Idee

schliefe Konjunktiv 2 < schlafen

von ... Rede: es besteht nicht die geringste Gefahr, das ist harmlos □ **keinen Tag länger**: keinen einzigen Tag mehr

einfach: diskret
Dienerschaftsstiege: Treppe für das Personal □ **Tragbahre**: Tote oder Kranke legt man auf eine Tragbahre

nicht dafür sorgen: sich nicht darum kümmern

entfernen: weggehen
Rücksichtslosigkeit: < rücksichtslos: egoistisch, brutal

Rücksicht haben (f.): R. nehmen, Achtung (f.) Aufmerksamkeit (f.) für andere Menschen zeigen

gnädige Frau.« — »*Wollen Sie sich nicht ein wenig meiner Mutter annehmen, Frau Cissy?*« — Sie ist seine Geliebte, aber sie ist nicht so schön wie ich. Was ist denn schon wieder? Was geschieht denn da? Sie bringen die Bahre. Ich sehe es mit geschlossenen Augen. Das ist die Bahre, auf der sie die Verunglückten tragen. Auf der ist auch der Doktor Zigmondi gelegen, der vom Cimone abgestürzt ist. Und jetzt werde ich auf der Bahre liegen. Ich bin auch abgestürzt. »Ha!« Nein, ich will nicht noch einmal schreien. Sie flüstern. Wer beugt sich über meinen Kopf? Es riecht gut nach Zigaretten. Seine Hand ist unter meinem Kopf. Hände unter meinem Rücken, Hände unter meinen Beinen. Fort, fort, rührt mich nicht an. Ich bin ja nackt. Pfui, pfui. Was wollt Ihr denn? Laßt mich in Ruhe. Es war nur für Papa. — »*Bitte vorsichtig, so, langsam.*« — »*Der Plaid?*« — »*Ja, danke, Frau Cissy.*« — Warum dankt er ihr? Was hat sie denn getan? Was geschieht mit mir? Ah, wie gut, wie gut. Ich schwebe. Ich schwebe hinüber. Man trägt mich, man trägt mich, man trägt mich zu Grabe. — »*Aber mir sein das g'wohnt, Herr Doktor. Da sind schon Schwerere darauf gelegen. Im vorigen Herbst einmal zwei zugleich.* — »*Pst, pst.*« — »*Vielleicht sind Sie so gut, vorauszugehen, Frau Cissy und sehen, ob in Elses Zimmer alles in Ordnung ist.*« — Was hat Cissy in meinem Zimmer zu tun? Das Veronal, das Veronal! Wenn Sie es nur nicht weggießen. Dann müßte ich mich doch zum Fenster hinunterstürzen. — »*Danke sehr, Herr Direktor, bemühen Sie sich nicht weiter.*« — »*Ich werde mir erlauben, später wieder nachzufragen.*« — Die Treppe knarrt, die Träger haben schwere Bergstiefel. Wo sind meine Lackschuhe? Im Musikzimmer geblieben. Man wird sie

meiner M. (Gen.) **annehmen**: sich um meine Mutter kümmern

Verunglückten (pl.): Menschen, die einen Unfall gehabt haben
ist ... gelegen (süddt.): hat ... gelegen
abgestürzt: gefallen
abgestürzt: moralisch tief gesunken
beugt: bückt

vorsichtig: behutsam

getan < tun
schwebe: fliege □ **hinüber**: ins Jenseits, in den Tod
mir ... g'wohnt (österr. Dialekt): wir sind das gewohnt

zugleich: auf einmal
vielleicht ... vorauszugehen: würden Sie bitte schon gehen, seien Sie bitte so gut und gehen Sie voraus

zum Fenster hinunterstürzen: aus dem Fenster springen
bemühen ... weiter: lassen Sie sich nicht länger stören

knarrt: Geräusch von Holztreppen, Türen usw.
Träger (pl.): < tragen □ **Bergstiefel** (pl.): Bergschuhe (pl.)

stehlen. Ich habe sie der Agathe vermachen wollen. Fred kriegt meine Füllfeder. Sie tragen mich, sie tragen mich. Trauerzug. Wo ist Dorsday, der Mörder? Fort ist er. Auch der Filou ist fort. Er ist gleich wieder auf die Wanderschaft gegangen. Er ist nur zurückgekommen, um einmal meine weißen Brüste zu sehen. Und jetzt ist er wieder fort. Er geht einen schwindligen Weg zwischen Felsen und Abgrund; — leb' wohl, leb' wohl. — Ich schwebe, ich schwebe. Sie sollen mich nur hinauftragen, immer weiter, bis zum Dach, bis zum Himmel. Das wäre so bequem. — »*Ich habe es ja kommen gesehen, Paul.*« — Was hat die Tante kommen gesehen? — »*Schon die ganzen letzten Tage habe ich so etwas kommen gesehen. Sie ist überhaupt nicht normal. Sie muß natürlich in eine Anstalt.*« — »*Aber Mama, jetzt ist doch nicht der Moment, davon zu reden.*« — Anstalt —? Anstalt —?! — »*Du denkst doch nicht, Paul, daß ich in ein und demselben Coupé mit dieser Person nach Wien fahren werde. Da könnte man schöne Sachen erleben.*« — »*Es wird nicht das Geringste passieren, Mama. Ich garantiere dir, daß du keinerlei Ungelegenheiten haben wirst.*« — »*Wie kannst du das garantieren?*« — Nein, Tante, du sollst keine Ungelegenheiten haben. Niemand wird Ungelegenheiten haben. Nicht einmal Herr von Dorsday. Wo sind wir denn? Wir bleiben stehen. Wir sind im zweiten Stock. Ich werde blinzeln. Cissy steht in der Tür und spricht mit Paul. — »*Hieher bitte. So. So. Hier. Danke. Rücken Sie die Bahre ganz nah ans Bett heran.*« — Sie heben die Bahre. Sie tragen mich. Wie gut. Nun bin ich wieder zu Hause. Ah! — »*Danke. So, es ist schon recht. Bitte die Türe zu schließen. — Wenn Sie so gut sein wollten, mir zu helfen, Cissy.*« — »*Oh, mit*

Trauerzug (m.): Begleitung des Toten □ **Mörder** (< ermorden): ein M. tötet einen anderen Menschen, bringt ihn um □ **auf die W. gegangen**: auf Reisen gegangen

schwindligen W.: steilen, gefährlichen Weg
Felsen: große Steine □ **Abgrund** (m.): Tiefe (f.), Schlucht (f.)

Dach (n.): ein D. bedeckt das Haus
ich ... kommen gesehen: ich habe es vorausgesehen

in eine Anstalt: in ein psychiatrisches Krankenhaus

ein ... Coupé (veralt.): in demselben Abteil im Zug
schöne Sachen erleben (iron.): da könnten einem unangenehme Dinge passieren, da kann einem was blühen
keinerlei: gar keine □ **Ungelegenheiten** (pl.): Probleme, Unannehmlichkeiten

blinzeln: die Augen ein wenig öffnen

rücken: schieben, stellen

nun: jetzt
es ist schon recht: schon gut □ **wenn Sie so gut sein wollten ...**: würden Sie mir bitte helfen ...

Vergnügen, Herr Doktor.« — »*Langsam, bitte. Hier, bitte, Cissy, fassen Sie sie an. Hier an den Beinen. Vorsichtig. Und dann — Else —? Hörst du mich, Else?*« — Aber natürlich höre ich dich, Paul. Ich höre alles. Aber was geht Euch das an. Es ist ja so schön, ohnmächtig zu sein. Ach, macht, was Ihr wollt. — »*Paul!*« — »*Gnädige Frau?*« — »*Glaubst du wirklich, daß sie bewußtlos ist, Paul?*« — Du? Sie sagt ihm du. Hab' ich Euch erwischt! Du sagt sie ihm! — »*Ja, sie ist vollkommen bewußtlos. Das kommt nach solchen Anfällen gewöhnlich vor.*« — »*Nein, Paul, du bist zum Kranklachen, wenn du dich so erwachsen als Doktor benimmst.*« — Hab' ich Euch, Schwindelbande! Hab' ich Euch? — »*Still, Cissy.*« — »*Warum denn, wenn sie nichts hört?!*« — Was ist denn geschehen? Nackt liege ich im Bett unter der Decke. Wie haben sie das gemacht? — »*Nun, wie geht's? Besser?*« — Das ist ja die Tante. Was will sie denn da? — »*Noch immer ohnmächtig?*« — Auf den Zehenspitzen schleicht sie heran. Sie soll zum Teufel gehen. Ich laß mich in keine Anstalt bringen. Ich bin nicht irrsinning. — »*Kann man sie nicht zum Bewußtsein erwecken?*« — »*Sie wird bald wieder zu sich kommen, Mama. Jetzt braucht sie nichts als Ruhe. Übrigens du auch, Mama. Möchtest du nicht schlafen gehen? Es besteht absolut keine Gefahr. Ich werde zusammen mit Frau Cissy bei Else Nachtwache halten.*« — »*Jawohl, gnädige Frau, ich bin die Gardedame. Oder Else, wie man's nimmt.*« — Elendes Frauenzimmer. Ich liege hier ohnmächtig und sie macht Späße. »*Und ich kann mich darauf verlassen, Paul, daß du mich wecken läßt, sobald der Arzt kommt?*« — »*Aber Mama, der kommt nicht vor morgen früh.*« — »*Sie sieht aus, als wenn sie schliefe. Ihr*

fassen Sie sie an ...: nehmen Sie sie an den Beinen

was geht Euch das an: das ist nicht Euer Problem, davon braucht ihr nichts zu wissen

bewußtlos: ohnmächtig
erwischt: überrascht
vollkommen: total □ **kommt ... vor:** passiert
zum Kranklachen: zum Totlachen
erwachsen ≠ wie ein Kind □ **benimmst** (< benehmen): verhältst
hab' ... Euch: habe ich Euch erwischt □ **Schwindelbande:** ihr seid eine Bande von Komödianten □ **still:** sei ruhig, schweig!

schleicht sie heran: kommt sie leise näher □ **zum T. gehen:** machen, daß sie schnell weggeht

erwecken: beleben □ **zu sich kommen:** zu Bewußtsein kommen ≠ ohnmächtig werden

besteht: existiert
Nachtwache halten: in der Nacht auf Else aufpassen
Gardedame: Anstandsdame *(chaperon)* **wie man's nimmt:** wie man es verstehen will □ **Frauenzimmer** (ugs.): Weib (n.)
Späße (pl.): Scherze
darauf verlassen: sicher sein □ **wecken läßt:** aufwecken läßt

Atem geht ganz ruhig.« — *»Es ist ja auch eine Art von Schlaf, Mama.«* — *»Ich kann mich noch immer nicht fassen, Paul, ein solcher Skandal! — Du wirst sehen, es kommt in die Zeitung!«* — *»Mama!«* — *»Aber sie kann doch nichts hören, wenn sie ohnmächtig ist. Wir reden doch ganz leise.«* — *»In diesem Zustand sind die Sinne manchmal unheimlich geschärft.«* — *»Sie haben einen so gelehrten Sohn, gnädige Frau.«* — *»Bitte dich, Mama, geh' zu Bette.«* —*»Morgen reisen wir ab, unter jeder Bedingung. Und in Bozen nehmen wir eine Wärterin für Else.«* — Was? Eine Wärterin? Da werdet Ihr Euch aber täuschen. — *»Über all' das reden wir morgen, Mama. Gute Nacht, Mama.«* — *»Ich will mir einen Tee aufs Zimmer bringen lassen und in einer Viertelstunde schau ich noch einmal her.«* — *»Das ist doch absolut nicht notwendig, Mama.«* — Nein, notwendig ist es nicht. Du sollst überhaupt zum Teufel gehen. Wo ist das Veronal? Ich muß noch warten. Sie begleiten die Tante zur Türe. Jetzt sieht mich niemand. Auf dem Nachttisch muß es ja stehen, das Glas mit dem Veronal. Wenn ich es austrinke, ist alles vorbei. Gleich werde ich es trinken. Die Tante ist fort. Paul und Cissy stehen noch an der Tür. Ha. Sie küßt ihn. Sie küßt ihn. Und ich liege nackt unter der Decke. Schämt Ihr Euch denn gar nicht. Sie küßt ihn wieder. Schämt Ihr Euch nicht? — *»Siehst du, Paul, jetzt weiß ich, daß sie ohnmächtig ist. Sonst wäre sie mir unbedingt an die Kehle gesprungen.«* — *»Möchtest du mir nicht den Gefallen tun und schweigen, Cissy?«* — *»Aber was willst du denn, Paul? Entweder ist sie wirklich bewußtlos. Dann hört und sieht sie nichts. Oder sie hält uns zum Narren. Dann geschieht ihr ganz recht.«* — *»Es hat geklopft, Cissy.«* — *»Mir kam es auch so vor.«* —

ihr A. ... ruhig: sie atmet ganz ruhig □ **eine Art von ...**: wie ein Schlaf □ **mich ... fassen**: mich noch immer nicht beruhigen
ein solcher S.: so eins S., was für ein S. □ **es kommt in die Zeitung**: es wird in der Zeitung stehen

Zustand (m.): Verfassung □ **Sinne** (pl.): *sens*
unheimlich: sehr, enorm □ **geschärft**: scharf, wacher als sonst
gelehrten: gebildeten, klugen
unter jeder B.: auf jeden Fall, egal was passiert, unter allen Umständen □ **Wärterin**: Krankenschwester, Krankenpflegerin

täuschen: irren □ **über all' das**: über das alles

nicht notwendig: ganz überflüssig

begleiten die T. zur Türe: gehen mit der Tante zur Tür

austrinke: das ganze Glas leere, trinke

unbedingt: ganz sicher □ **wäre ... gesprungen**: hätte sie mich erwürgt □ **den G. tun**: so gut sein: bitte! □ **schweigen**: still sein □ **entweder ... oder**: *ou ... ou*

geschieht ... recht: hat sie es verdient
kam ... vor: schien (< scheinen) es auch so

»Ich will leise aufmachen und sehen, wer es ist. — Guten Abend, Herr von Dorsday.« — *»Verzeihen Sie, ich wollte nur fragen, wie sich die Kranke«* — Dorsday! Dorsday! Wagt er es wirklich! Alle Bestien sind losgelassen. Wo ist er denn? Ich höre sie flüstern vor der Tür. Paul und Dorsday. Cissy stellt sich vor den Spiegel hin. Was machen Sie vor dem Spiegel dort? Mein Spiegel ist es. Ist nicht mein Bild noch drin? Was reden sie draußen vor der Tür, Paul und Dorsday? Ich fühle Cissys Blick. Vom Spiegel aus sieht sie zu mir her. Was will sie denn? Warum kommt sie denn näher? Hilfe! Hilfe! Ich schreie doch, und keiner hört mich. Was wollen Sie an meinem Bett, Cissy?! Warum beugen Sie sich herab? Wollen Sie mich erwürgen! Ich kann mich nicht rühren. — *»Else!«* — »Was will sie denn?« — *»Else! Hören Sie mich, Else?«* — Ich höre, aber ich schweige. Ich bin ohnmächtig, ich muß schweigen. — *»Else, Sie haben uns in einen schönen Schreck versetzt.«* — Sie spricht zu mir. Sie spricht zu mir, als wenn ich wach wäre. Was will sie denn? — *»Wissen Sie, was Sie getan haben, Else? Denken Sie, nur mit dem Mantel bekleidet sind Sie ins Musikzimmer getreten, sind plötzlich nackt dagestanden vor allen Leuten und dann sind Sie ohnmächtig hingefallen. Ein hysterischer Anfall, wird behauptet. Ich glaube kein Wort davon. Ich glaube auch nicht, daß Sie bewußtlos sind. Ich wette, Sie hören jedes Wort, das ich rede.«* — Ja, ich höre, ja, ja, ja. Aber sie hört mein Ja nicht. Warum denn nicht? Ich kann meine Lippen nicht bewegen. Darum hört sie mich nicht. Ich kann mich nicht rühren. Was ist denn mit mir? Bin ich tot? Bin ich scheintot? Träume ich? Wo ist das Veronal? Ich möchte mein Veronal trinken. Aber ich kann den Arm nicht

leise ≠ laut

Bestien (pl.): Monster, wilde Tiere □ **losgelassen**: laufen frei herum

drin: darin, (in dem Spiegel)

erwürgen: töten (indem man den Hals zudrückt) □ **rühren**: bewegen

in ... versetzt: sehr erschreckt, große Angst gemacht

sind ... dagestanden (< da stehen): waren auf einmal nackt

wird behauptet: wird gesagt, gibt man vor, soll es sein

wette: ich bin sicher

was ist denn mit mir: was ist mit mir los?

ausstrecken. Gehen Sie fort, Cissy. Warum sind Sie über mich gebeugt? Fort, fort! Nie wird sie wissen, daß ich sie gehört habe. Niemand wird es je wissen. Nie wieder werde ich zu einem Menschen sprechen. Nie wache ich wieder auf. Sie geht zur Türe. Sie wendet sich noch einmal nach mir um. Sie öffnet die Türe. Dorsday! Dort steht er. Ich habe ihn gesehen mit geschlossenen Augen. Nein, ich sehe ihn wirklich. Ich habe ja die Augen offen. Die Türe ist angelehnt. Cissy ist auch draußen. Nun flüstern sie alle. Ich bin allein. Wenn ich mich jetzt rühren könnte.

Ha, ich kann ja, kann ja. Ich bewege die Hand, ich rege die Finger, ich strecke den Arm, ich sperre die Augen weit auf. Ich sehe, ich sehe. Da steht mein Glas. Geschwind, ehe sie wieder ins Zimmer kommen. Sind es nur Pulver genug?! Nie wieder darf ich erwachen. Was ich zu tun hatte auf der Welt, habe ich getan. Der Papa ist gerettet. Niemals könnte ich wieder unter Menschen gehen. Paul guckt durch die Türspalte herein. Er denkt, ich bin noch ohnmächtig. Er sieht nicht, daß ich den Arm beinahe schon ausgestreckt habe. Nun stehen sie wieder alle drei draußen vor der Tür, die Mörder! — Alle sind sie Mörder. Dorsday und Cissy und Paul, auch Fred ist ein Mörder und die Mama ist eine Mörderin. Alle haben sie mich gemordet und machen sich nichts wissen. Sie hat sich selber umgebracht, werden sie sagen. Ihr habt mich umgebracht, Ihr alle, Ihr alle! Hab' ich es endlich? Geschwind, geschwind! Ich muß. Keinen Tropfen verschütten. So. Geschwind. Es schmeckt gut. Weiter, weiter. Es ist gar kein Gift. Nie hat mir was so gut geschmeckt. Wenn Ihr wüßtet, wie gut der Tod schmeckt! Gute Nacht, mein Glas. Klirr, klirr! Was ist

nicht ausstrecken: nicht bewegen, um das Glas zu erreichen

je: jemals, nie wird es jemand wissen

angelehnt: nicht ganz geschlossen

rege: bewege, rühre □ **sperre ... auf**: öffne groß die A.

guckt (ugs.): sieht □ **Türspalte**: die ein wenig geöffnete Tür

gemordet: getötet □ **machen ... wissen** (veralt.): wollen nichts davon wissen, sind sich dessen nicht bewußt
es: das Veronal

verschütten: daneben gießen □ **schmeckt gut**: hat einen guten Geschmack
wüßtest Konjunktiv 2 < wissen
klirr: Geräusch von Glas, das auf den Boden fällt

denn das! Auf dem Boden liegt das Glas. Unten liegt es. Gute Nacht. — »*Else! Else?*« — Was wollt Ihr denn? — »*Else!*« — Seid Ihr wieder da? Guten Morgen. Da lieg' ich bewußtlos mit geschlossenen Augen. Nie wieder sollt Ihr meine Augen sehen. — »*Sie muß sich bewegt haben, Paul, wie hätte es sonst herunterfallen können?*« — »*Eine unwillkürliche Bewegung, das wäre schon möglich.*« — »*Wenn sie nicht wach ist.*« — »*Was fällt dir ein, Cissy. Sieh sie doch nur an.*« — Ich habe Veronal getrunken. Ich werde sterben. Aber es ist geradeso wie vorher. Vielleicht war es nicht genug... Paul faßt meine Hand. — »*Der Puls geht ruhig. Lach' doch nicht, Cissy. Das arme Kind.*« — »*Ob du mich auch ein armes Kind nennen würdest, wenn ich mich im Musikzimmer nackt hingestellt hätte?*« — »*Schweig' doch, Cissy.*« — »*Ganz nach Belieben, mein Herr. Vielleicht soll ich mich entfernen, dich mit dem nackten Fräulein allein lassen. Ach bitte, geniere dich nicht. Tu', als ob ich nicht da wäre.*« — Ich habe Veronal getrunken. Es ist gut. Ich werde sterben. Gott sei Dank. — »*Übrigens weißt du, was mir vorkommt. Daß dieser Herr von Dorsday in das nackte Fräulein verliebt ist. Er war so erregt, als ginge ihn die Sache persönlich an.*« — Dorsday, Dorsday! Das ist ja der — Fünfzigtausend! Wird er sie abschicken? Um Gottes willen, wenn er sie nicht abschickt? Ich muß es ihnen sagen. Sie müssen ihn zwingen. Um Gottes willen, wenn alles umsonst gewesen ist? Aber jetzt kann man mich noch retten. Paul! Cissy! Warum hört Ihr mich denn nicht? Wißt Ihr denn nicht, daß ich sterbe? Aber ich spüre nichts. Nur müde bin ich. Paul! Ich bin müde. Hörst du mich denn nicht? Ich bin müde, Paul. Ich kann die Lippen nicht öffnen. Ich kann die Zunge nicht

unwillkürliche Bewegung: unbewußte, mechanische B., Reflex □ **schon**: wohl, wahrscheinlich

geradeso: genauso □ **wie vorher**: wie zuerst, bevor ich das Glas ausgetrunken hatte □ **faßt**: nimmt

... hingestellt hätte (abwertende Nuance): mich vor allen einfach so nackt gezeigt hätte

als ginge ihn die Sache persönlich an: als ob ihn das selbst betreffen würde

umsonst: vergeblich

die Zunge ist im Mund

bewegen, aber ich bin noch nicht tot. Das ist das Veronal. Wo seid Ihr denn? Gleich schlafe ich ein. Dann wird es zu spät sein! Ich höre sie gar nicht reden. Sie reden, und ich weiß nicht was. Ihre Stimmen brausen so. So hilf mir doch, Paul! die Zunge ist mir so schwer. — »*Ich glaube, Cissy, daß sie bald erwachen wird. Es ist, als wenn sie sich schon mühte, die Augen zu öffnen. Aber Cissy, was tust du denn?*« — »*Nun, ich umarme dich. Warum denn nicht? Sie hat sich auch nicht geniert.*« — Nein, ich habe mich nicht geniert. Nackt bin ich dagestanden vor allen Leuten. Wenn ich nur reden könnte, so würdet Ihr verstehen warum. Paul! Paul! Ich will, daß Ihr mich hört. Ich habe Veronal getrunken, Paul, zehn Pulver, hundert. Ich hab' es nicht tun wollen. Ich war verrückt. Ich will nicht sterben. Du sollst mich retten, Paul. Du bist ja Doktor. Rette mich! — »*Jetzt scheint sie wieder ganz ruhig geworden. Der Puls — der Puls ist ziemlich regelmäßig.*« — Rette mich, Paul. Ich beschwöre dich. Laß mich doch nicht sterben. Jetzt ist's noch Zeit. Aber dann werde ich einschlafen und Ihr werdet es nicht wissen. Ich will nicht sterben. So rette mich doch. Es war nur wegen Papa. Dorsday hat es verlangt. Paul! Paul! — »*Schau mal her, Cissy, scheint dir nicht, daß sie lächelt?*« — »*Wie sollte sie nicht lächeln, Paul, wenn du immerfort zärtlich ihre Hand hältst.*« — Cissy, Cissy, was habe ich dir denn getan, daß du so böse zu mir bist. Behalte deinen Paul — aber laßt mich nicht sterben. Ich bin noch so jung. Die Mama wird sich kränken. Ich will noch auf viele Berge klettern. Ich will noch tanzen. Ich will auch einmal heiraten. Ich will noch reisen. Morgen machen wir die Partie auf den Cimone. Morgen wird ein wunderschöner

brausen: rauschen, wie das Meer, das Wasser oder der Wind

mühte Konjunktiv 2 (geh.): bemühte, anstrengen würde
umarme dich: nehme dich in meine Arme

ruhig geworden: ruhig geworden zu sein
regelmäßig: normal
jetzt ist's noch Zeit: jetzt ist es noch nicht zu spät, jetzt ist es noch möglich

zärtlich: liebevoll

böse ≠ gut, freundlich □ **behalte deinen P.**: ich lasse dir deinen P.
sich kränken: leiden, sehr traurig sein
einmal: später, eines Tages

Tag sein. Der Filou soll mitkommen. Ich lade ihn ergebenst ein. Lauf' ihm doch nach, Paul, er geht einen so schwindligen Weg. Er wird dem Papa begegnen. Adresse bleibt Fiala, vergiß nicht. Es sind nur fünfzigtausend, und dann ist alles in Ordnung. Da marschieren sie alle im Sträflingsgewand und singen. Mach' auf das Tor, Herr Matador! Das ist ja alles nur ein Traum. Da geht auch Fred mit dem heisren Fräulein und unter dem freien Himmel steht das Klavier. Der Klavierstimmer wohnt in der Bartensteinstraße, Mama! Warum hast du ihm denn nicht geschrieben, Kind? Du vergißt aber alles. Sie sollten mehr Skalen üben, Else. Ein Mädel mit dreizehn Jahren sollte fleißiger sein. — Rudi war auf dem Maskenball und ist erst um acht Uhr früh nach Hause gekommen. Was hast du mir mitgebracht, Papa? Dreißigtausend Puppen. Da brauch ich ein eigenes Haus dazu. Aber sie können auch im Garten spazierengehen. Oder auf den Maskenball mit Rudi. Grüß dich Gott, Else. Ach Bertha, bist du wieder aus Neapel zurück? Ja, aus Sizilien. Erlaube, daß ich dir meinen Mann vorstelle, Else. Enchanté, Monsieur. — »*Else, hörst du mich, Else? Ich bin es, Paul.*« — Haha, Paul. Warum sitzest du denn auf der Giraffe im Ringelspiel? — »*Else, Else!*« — So reit' mir doch nicht davon. Du kannst mich doch nicht hören, wenn du so schnell durch die Hauptallee reitest. Du sollst mich ja retten. Ich habe Veronalica genommen. Das läuft mir über die Beine, rechts und links, wie Ameisen. Ja, fang' ihn nur, den Herrn von Dorsday. Dort läuft er. Siehst du ihn denn nicht? Da springt er über den Teich. Er hat ja den Papa umgebracht. So lauf' ihm doch nach. Ich laufe mit. Sie haben mir die Bahre auf den Rücken geschnallt, aber ich laufe mit. Meine

ergebenst (< ergeben): demütigst, sehr respecktvoll
dem Papa begegnen: den Papa treffen

Klavierstimmer: er stimmt von Zeit zu Zeit das Klavier, damit jeder Ton richtig klingt

Skalen (pl.): Tonleitern (eine T. hat 8 Noten)

Maskenball: auf einem M. tanzt man maskiert

eigenes Haus: ein H. allein für die Puppen

vorstelle: ich kannte diesen Mann noch nicht, die Bertha hat ihn mir vorgestellt, (jetzt kenne ich ihn)
sitzest du: alte Form für "sitzt du"
im Ringelspiel: auf dem Karussell
davon: weg von mir (warte doch auf mich!)
reitest: man reitet z.B. auf einem Pferd

das läuft ...: ich habe ein Gefühl in den Beinen, als ob **Ameisen** *(fourmis)* darüber liefen

Teich (m.): den kleinen See

auf den R. geschnallt: auf dem Rücken festgemacht

Brüste zittern so. Aber ich laufe mit. Wo bist du denn, Paul? Fred, wo bist du? Mama, wo bist Du? Cissy? Warum laßt Ihr mich denn allein durch die Wüste laufen? Ich habe ja Angst so allein. Ich werde lieber fliegen. Ich habe ja gewußt, daß ich fliegen kann.

»*Else!*«...

»*Else!*«...

Wo seid Ihr denn? Ich höre Euch, aber ich sehe Euch nicht.

»*Else!*«...

»*Else!*«...

»*Else!*«...

Was ist denn das? Ein ganzer Chor? Und Orgel auch? Ich singe mit. Was ist es denn für ein Lied? Alle singen mit. Die Wälder auch und die Berge und die Sterne. Nie habe ich etwas so Schönes gehört. Noch nie habe ich eine so helle Nacht gesehen. Gib mir die Hand, Papa. Wir fliegen zusammen. So schön ist die Welt, wenn man fliegen kann. Küss' mir doch nicht die Hand. Ich bin ja dein Kind, Papa.

»*Else! Else!*«

Sie rufen von so weit! Was wollt Ihr denn? Nicht wecken. Ich schlafe ja so gut. Morgen früh. Ich träume und fliege. Ich fliege.. fliege... fliege... schlafe und träume... und fliege... nicht wecken... morgen früh...

»*El...*«

Ich fliege... ich träume... ich schlafe... ich träu... träu — ich flie...

Wüste : z.B. die Sahara ist eine Wüste

Orgel (f.) : großes Musikinstrument in der Kirche

von so weit : aus so großer Entfernung (Distanz)

Wortregister

— A —

ab/drehen éteindre

Abenteuer n. (s, -) aventure

Abgang m. (s, ¨e) sortie

abgeschmackt ridicule

abgesehen von sans parler de ; **davon a.** à part cela

Abgrund m. (es, ¨e) abîme

ab/hängen dépendre ; **von jm./etw. a.** dépendre de qqn/qqch.

ab/lehnen refuser

ablehnend négatif

ab/machen (mit jm. etw. a.) réglcr, arrangcr qqch. avec qqn

Abmachung f. (-, en) convention

Abrede f. (-, en) engagement, contrat

ab/reisen partir

Abschnitt m. (es, e) tournant

ab/senden envoyer

Absicht f. (-, en) intention

abstoßend répugnant

ab/streiten (i, i,) contester, nier

ab/stürzen faire une chute

Abteil n. (s, e) compartiment d'un train

abwechslungsreich varié

ab/wenden (-wandte, -gewandt) écarter, prévenir ; **das Schlimmste a.** éviter le pire

ab/werten dévaluer, déprécier

abwertend péjoratif

acht/geben (i, a, e) faire attention

achtsam prudent, attentif

Achtung f. (-) attention

adlig noble

affckticrt affecté, maniéré

ahnen (etw. a.) se douter de qqch.

ähnlich semblable ; **jm. ä. sehen (ie, a, e)** ressembler à qqn

Ahnung f. (-, en) idée, soupçon, supposition

allein seul

allerdings à vrai dire

allerlei toutes sortes de choses

alles mögliche toutes sortes de...

an/beten adorer

anbetteln (jn. a) mendier qqch. auprès de qqn
Anbetung f. (-) adoration
Anblick m. (s, e) vue (ce que l'on voit)
Andacht f. (-) recueillement
andernfalls adv. autrement
an/deuten (etw. a.) faire allusion à qqch.
anderthalb un et demi
Anfall m. (s, ¨e) accès, crise
Anfang m. (s, ¨e) début
anfangs adv. au début
Angedenken n. (s, -) souvenir
an/gehen (-ging, -gegangen) concerner
angenehm agréable
angestrengt avec effort
angstverzerrt défiguré par la peur
an/kommen (a, o) arriver; **auf etw. a.** ce qui importe c'est...
an/kündigen annoncer
an/lächeln (jn. a.) sourire à qqn
Anlaß m. (sses. ¨sse) occasion
an/legen (es darauf a.) viser à
an/lehnen laisser entrouvert (la porte)
an/machen allumer
an/nehmen (i, a, o) accepter, supposer
sich js. a. s'occuper de qqn
an/pumpen (fam.) (jn. a.) emprunter de l'argent à qqn, taper qqn
an/rühren toucher
an/schaffen (sich etw. a.) s'acheter qqch.
anscheinend apparemment
an/sehen (ie, a, e) regarder; **jm. etw. a.** remarquer qqch., lire sur le visage de qqn
Anspielung f. (-, en) allusion
anspruchslos modeste
Ansicht f. (-, en) vue, point de vue
Anstalt f. (-, en) maison de santé
anständig correct, honnête; **ein anständiger Mensch** qqn d'honnête
an/starren regarder fixement
anstrengend fatigant
an/tun (-tat, -getan) (jm. etw. a.) faire du mal à qqn
Anwendung f. (-, en) utilisation
Anwesenheit f. (-) présence
Anweisung f. (-, en) indication, disposition
Anzahlung f. (-, en) arrhes
Anzug m. (es, ¨e) costume, complet
an/zünden allumer

ärgern (sich ä.) être furieux, s'énerver

arglos anodin

Art f. (-, en) façon, manière ; **eine A. von** une sorte de

Atem m. (s) respiration, souffle

atmen respirer

auf/bahren exposer qqn sur le catafalque

auf- und abgehen (-ging, -gegangen) faire les cent pas

auf/brechen (i, a, o) partir, se mettre en route

auf/führen représenter, jouer (théâtre)

auf/geben (i, a, e) poster, envoyer

aufgelegt sein (gut/schlecht a. sein) être de bonne/mauvaise humeur

aufgeregt nerveux, excité

auf/halten (ä, ie, a) (sich a.) séjourner ; **jn. a.** arrêter qqn

auf/hängen sich a. se pendre

auf/hören cesser

Aufmerksamkeit f. (-, en) attention

auf/regen (sich a.) s'émouvoir, se faire du mauvais sang

Aufregung f. (-, en) émotion, excitation

auf/reissen (i, i) ouvrir rapidement ; **die Augen a.** faire des yeux ronds

aufrichtig honnête

auf/schieben (o, o) différer, remettre

auf/schlagen (ä, u, a) ouvrir

aufschlußreich instructif

auf/sperren ouvrir

Ausdruck m. (s, ¨e) expression

ausdruckslos inexpressif

aus/fallen (ä, ie, a) gut/schlecht a. avoir un bon/mauvais résultat

Ausflug m. (s, ¨e) excursion

Ausgabe f. (-, en) dépense

aus/gehen (-ging, -gegangen) (gut a.) bien finir

ausgezeichnet parfait, parfaitement

aus/halten (ä, ie, a) supporter ; **jn. a.** entretenir qqn

aus/kennen (-kannte, -gekannt) sich in etw. a. s'y connaître

aus/lachen (jn. a.) se moquer de qqn

aus/liefern livrer, remettre

Ausrufungszeichen n. (s, -) point d'exclamation

aus/schauen avoir l'air ; gut/schlecht a. avoir bonne/mauvaise mine

aus/sehen (ie, a, e) avoir l'air
aus/sterben (i, a, o) s'éteindre, disparaître
aus/trinken (a, u) vider
aus/suchen choisir
aus/ziehen (-zog, -gezogen) (sich a.) se déshabiller

— B —

Bad n. (es, ¨-er) bain, piscine
Badeanzug m. (es, -e) maillot de bain
Bahnhof m. (es, -e) gare
Band m. (es, ¨-e) volume (livre)
Band n. (es ¨-er) ruban
bannen fasciner, charmer
baumeln pendiller
bedauern plaindre
bedauernd avec pitié
bedenken (bedachte, bedacht) (etw. b.) penser, songer à
Bedenken (pl.) scrupules
Bedingung f. (-, en) condition ; **(unter jeder Bedingung)** coûte que coûte ; **(unter einer Bedingung)** à une condition
beenden terminer
befangen sein être gêné, intimidé
befinden (a, u) (sich b.) se trouver
befreundet sein être amis
befriedigen satisfaire
begabt sein être doué
begeben (i, a, e) (sich b.) se rendre
begegnen (jm b.) rencontrer qqn
begleiten accompagner
beglücken combler
begnügen sich mit etw. b. se contenter de qqch.
begraben (ä, u, a) enterrer
Begräbnis (ses, se) enterrement
behalten (ä, ie, a) garder, retenir
behandeln traiter
behaupten affirmer
beherrschen (sich b.) se dominer
behutsam prudent
Bein n. (s, e) jambe ; **sich auf die eigenen Beine stellen** devenir indépendant, autonome ; **die Beine übereinander/schlagen** croiser les jambes
beinah(e) presque
bei/springen (a, u) (jm. b.) aider qqn
beissen (i, i) mordre
bekannt connu
Bekannte f./m. connaissance

beklagen (sich b.) se plaindre
beklagenswert regrettable
bekommen (a, o) recevoir, obtenir
Beleidigung f. (-, en) affront
Beleuchtung f. (-, en) éclairage
Belieben n. nach B. à ma (ta, sa... etc.) guise
Belohnung f. (-, en) récompense
bemühen jn. b. importuner qqn ; **sich b.** prendre la peine
benachrichtigen informer
benehmen (i, a, o) (sich b.) se comporter
bequem confortable, facile
beraten (ä, ie, a) conseiller ; **sich mit jm. b.** demander conseil à qqn
berauscht ivre
bereit prêt
bereuen (etw. b.) regretter qqch.
Bergschuh m. (s, e) chaussure de montagne
berückend séduisant
Beruf m. (s, e) métier
beruhigen (sich b.) se calmer
berühmt célèbre
berühren toucher
beschaffen (etw. b.) trouver, se procurer qqch.
beschämen humilier
beschwerlich difficile, fatigant
beschwören (o, o) conjurer, supplier
besonders particulièrement
besorgt sein être inquiet
Besorgtheit f. (-) préoccupation, sollicitude
bestechen (i, a, o) corrompre, acheter qqn
bestehen (bestand, bestanden) exister
bestellen jn. b. faire venir qqn
Bestie f. (-, n) brute, monstre
Bestimmtheit f. (-, en) certitude
Betracht (in B. kommen) entrer en ligne de compte
Betrag m. (es, ¨e) montant, somme
betrügen (o, o) tromper
Bettlerin (-, nen) mendiante
betreffen (i, a, o) concerner
beugen (sich b.) se pencher
beunruhigen inquiéter
bevor/stehen (stand, gestanden) être imminent
bewegen bouger, faire bouger
beweisen (ie, ie) prouver
bewußtlos évanoui
Bewußtsein n. (s) cons-

cience ; **bei vollem B.** avoir toute sa conscience

beziehen (bezog, bezogen) sich auf jn./etw. b. faire référence à qqn/qqch.

Beziehung f (-, en) relation

bieten (o, o) offrir

bildschön ravissant

billig bon marché

billiger kommen revenir moins cher

bißchen peu

bisher adv. jusqu'à présent

bitten (a, e) prier ; **ich bitte dich/Sie** je t'en/vous en prie

bitter amer

blasen (ä, ie, a) souffler

blaß pâle

blicken regarder ; **sich b. lassen (ä, ie, a)** se montrer

blind aveugle

blöde bête

Blödsinn m. (s) bêtises, stupidité

blühen fleurir ; **etw. kann jm. b. (ugs.)** qqch. (de désagréable) peut arriver à qqn

Boden m. (s, ¨-) sol

bohren vriller, creuser

Boot n. (es, e) barque, bateau

Börse f. (-, n) bourse

böse méchant, mauvais ; **jm. b. sein** en vouloir à qqn

Bosheit f. (-, en) méchanceté

brausen bourdonner

Bräutigam m. (s, e) fiancé

brennen (brannte, gebrannt) brûler

Brille f. (-, en) lunettes

Bursche m. (en, en) gars, garçon

— C —

Coupé n (s, s) compartiment d'un train

— D —

Dach n. (es, ¨-er) toit

dadurch adv. par le fait que, par cela

damals adv. à cette époque, autrefois

Dämmerung f. (-) crépuscule

darum adv. c'est pourquoi

Decke f. (-, n) couverture

Defraudant m. (en, en) archaïque, fraudeur, escroc

demütigen humilier

denken (dachte, gedacht) penser ; **sich etw. denken**

croire, supposer, imaginer qqch.
deshalb adv. c'est pourquoi
deutlich net, nettement
dick gros
Dienerschaft f. (-, en) le personnel
Dienerschaftsstiege f. (-, n) escalier de service
Dirne f. (-, n) putain
drängen presser
drein/schauen + adj. avoir un regard + adj.
drohen jm. d. menacer
drüben de l'autre côté, l'au-delà
drücken presser
Duft m. (es, ¨-e) parfum, bonne odeur
dumm bête
Dummkopf m. (es, ¨-e) idiot
dunkel noir, obscur
durch/machen (etw. d.) être confronté à des épreuves, souffrir
durchtrieben sein être roué, retors, rusé
duzen tutoyer

— E —

eben adv. à l'instant, à proprement parler
ebensogut adv. tout aussi bien
edel noble, généreux
ehe adv. avant
Ehemann m. (s, ¨-er) époux
Ehre f. l'honneur ; **jm. die letzte E. erweisen (ie, ie)** rendre les derniers honneurs à qqn
ehrlich honnête
eifersüchtig jaloux
eigentlich à vrai dire, en fait, donc, quand même
einäugig borgne
ein/bilden (sich etw. e) s'imaginer qqch.
Einblick m. (s, e) fig. aperçu
Eindruck m. (s, ¨-e) impression
einfach simple
Einfachheit f. (-, en) simplicité
ein/fallen (ä, ie, a) was fällt dir ein? qu'est-ce qui te prend ? ; **mir fällt etw. ein** qqch. me vient à l'esprit
Einfluß m. (sses, ¨-sse) influence
ein/hüllen envelopper
ein/schränken (sich e.) réduire ses dépenses
einmal un jour
einsam solitaire, seul
ein/sperren emprisonner
einstimmig à l'unanimité
Einwohner m. (s, -) habitant

ekelhaft horrible, repoussant
elend misérable
empfinden (a, u) ressentir
Empfindung f. (-, en) impression
entbinden (a, u) (jn. von etw. e.) dispenser qqn de qqch.
entfernen éloigner
entgehen (entging, entgangen) (sich etw. e. lassen) rater qqch.
enthalten (ä, ie, a) contenir
Enthüllung f. (-, en) dévoilement
Entscheidung f. (-, en) décision
entschließen (o, o) (sich e.) se décider
Entschluß (sses, ¨sse) décision
Entschuldigung f. l'excuse
Entsetzen n. (s) horreur, frayeur
entsetzlich atroce, horrible
entspannt détendu
entsprechend proportionnel, proportionnellement
entzückend ravissant
erbitten (a, e) demander
erdulden subir
Erfahrung f. (-, en) expérience
erfahren (ä, u, a) apprendre
erfrieren (o, o) mourir de froid
erfüllen remplir, accomplir
ergeben (i, a, e) (sich e.) se produire
ergebenst (superl. absolu) très humblement
Ergebnis n. (ses, se) résultat
erreichen atteindre, obtenir
Ereignis n. (ses, e) événement, aventure
erhalten (ä, ie, a) recevoir
erhöht élevé
erinnern (sich an jn./etw. e.) se souvenir de qqn/qqch.
erledigen régler
erledigt fini
erlösen sauver
erniedrigen humilier ; **sich e.** s'humilier
ernst sérieux ; **etw. e. meinen** être sérieux
Ernst m. (es) im E. sérieusement, pour de bon
ernstlich sérieux, sérieusement
erregt ému, excité
erschießen (o, o) (sich e.) se tuer par balle
erschrecken (i, a, o) s'effrayer
ersetzen remplacer
ersparen épargner ; **(sich die Mühe e.)** ne pas se

donner la peine ; **erst adv.** d'abord
erstaunen s'étonner
erwachsen sein être adulte
erwähnen mentionner
Erwähnung f. (-, en) mention
erweisen (ie, ie) montrer, témoigner
erwischen (jn. e.) prendre qqn sur le fait
erwürgen étrangler
erziehen (erzog, erzogen) élever, éduquer
Esel m. (s, -) âne
ewig éternel, éternellement

— F —

fabelhaft à ravir
fähig capable
Fall m. (s, ¨e) cas ; **für alle Fälle** à toutes fins utiles
Falle f. (-, n) piège
fällig sein être dû, payable
Fallstudie f. (-, n) étude de cas
fassen saisir, comprendre ; **sich f.** se ressaisir
Fassung f. (-) (die F. bewahren) garder contenance, son sang-froid
Fehler m ; (s, -) faute, erreur
feige lâche, lâchement
Feigheit f. (-) lâcheté
Fein m. (es, e) ennemi
Fensterkreuz n. (es, e) croisée de la fenêtre
Ferien (pl.) vacances
Fernrohr n. (s, e) longue-vue
fertig prêt
fertig/machen (sich f.) se préparer
fesch chic
festlich solennel
Fieber n. (s) fièvre
Figur f. (-, en) silhouette
flattern voleter, voltiger
Fleck m. (ens, en) tâche, lieu
flehen implorer, supplier
fleischfarben couleur chair
fließen (o, o) couler
Flucht f. fuite
Flur m. (s, e) couloir
flüstern chuchoter
folgen (jm. f.) suivre qqn
Forderung f. (-, en) exigence
fort loin, parti
Frauenarzt m. (es, ¨e) gynécologue
Frauenzimmer n. (s, -) garce, putain
frech insolent
Frechheit f. (-, en) insolence, impertinence
freundlich aimable, gentil
im Freien à l'extérieur, en plein air
freilich adv. certes

frei/sprechen (i, a, o) acquitter
Friede (n) m. (ns) paix
friedlich paisible
Friedhof m. (s, ¨e) cimetière
freiwillig de plein gré
früh tôt ; **in aller f.** tôt le matin
fühlen sentir
führen mener
Füllfeder f. (-, n) stylo à plume
für pour ; **für nichts und wieder nichts** pour rien du tout
fürchten craindre
furchtbar terrible, affreux
Fußtritt m. (s, e) coup de pied

— G —

Gang m. (es, ¨e) démarche, couloir
gar adv. même
Gatte m. (ns, n) époux
Gattin f. (-, nen) épouse
Gebrauch m. (es, ¨e) usage ; von etw. G. machen exploiter (une situation)
gebückt voûté
Geduld f. (-) patience
Gefahr f. (-, en) danger
gefährlich dangereux
Gefallen m. (s) jm. einen G. tun rendre service, faire plaisir à qqn
Gegend f. (-, en) région, paysage
Gegenforderung f. (-, en) contrecréance, condition
Gegenleistung f. (-, en) contrepartie
Gegenwert m. (es, e) contrepartie
gehenlassen (ä, ie, a) (sich g.) se laisser aller
geheim secret
Geheimnis n. (ses, se) le secret
geheimnisvoll mystérieux
Geizkragen m. (s, -) l'avare
gelähmt sein être paralysé
Gelegenheit f. (-, en) occasion
gelehrt sein être savant
Gelenk n. (es, e) articulation (des membres)
Geliebte f. (-, n) maîtresse
Geliebte (der) (en, en) amant
gelingen (a, u) (es g. jm.) réussir
gemein vilain, infâme, commun
Gemeinheit f. (-, en) vilenie
gemeinsam commun, en commun
Gemurmel n. (s, -) murmure
genügsam modéré, modeste

geradezu adv. vraiment, carrément
gering minime ; **das geringste** le moindre
gerührt ému
geschaffen (für etw. g. sein) être fait pour
geschärft vif, aigu
geschehen (ie, a, e) se passer, arriver ; **es g. jm. recht** qqn a ce qu'il mérite
gescheit intelligent
Geschichte f. (-, n) histoire
mit jm. Geschichten machen gâter qqn
geschickt habile, adroit
geschieden sein être divorcé
Geschmack m. (s) goût
Geschöpf n. (es, e) créature
geschwind rapide
Gesellschaft f. (-, en) société
Gesicht n. visage ; **jm. zu G. stehen** aller bien à qqn ; **ein G. machen** avoir un air... (triste, déçu, etc.)
Gesindel n. (s) racaille
gespannt sein être curieux
Gespenst n. (es, er) fantôme, revenant
gestatten permettre
gestreift rayé
geübt sein avoir l'habitude, être expérimenté
gewinnen (a, o) gagner
gewiß certain, certainement
Gewissenlosigkeit f. (-) manque de conscience, de scrupules
gewissermaßen adv. en quelque sorte
Gewissensbisse pl. remords pl.
gewöhnen (sich an etw. g.) s'habituer à qqch.
gewohnt habituel ; **g. sein** être habitué
geziert affecté, maniéré
Gift n. (es, e) poison
Glanz m. (es) éclat
glänzen briller
Glas n. (es, ¨er) verre, vitre
Gläubiger m. (s, -) créancier
gleich adv. tout de suite
gleichen (i, i) (jm. g.) ressembler à qqn
gleichgültig indifférent
glitzern scintiller
Glück n. (s) chance, bonheur
glücken (es g. jm.) réussir
glücklicherweise adv. par bonheur, heureusement
glühen rougeoyer
Gnade f. (-) grâce, pitié
gnädig clément ; bienveillant **gnädige Frau** Madame
Gott m. (es, ¨er) Dieu ; **um Gottes willen** mon

Dieu ! **Gott sei's geklagt** hélas !
göttlich divin
Gold n. (es) l'or
golden doré
Grab n. (es, ¨er) tombe, tombeau ; **mit einem Fuß im G. stehen** être au bord de la tombe
grau gris
graumeliert grisonnant
grausen (sich vor jm. g.) avoir horreur de qqn ; es **graust mich** je frissonne d'horreur
grell voyant, criard
grinsen ricaner
großartig magnifique
großzügig généreux
grübeln se casser la tête, ruminer
Gruft f. (-, ¨e) caveau
Grund m. (es, ¨e) fond, raison ; **im G.** au fond
Gruß m. (sses, ¨e) salutation
grüßen saluer
gucken fam. regarder
Gulden m. (s, -) florin
Güte f. (-) bonté
gütig aimable, obligeant
Gutsbesitzer m. (s, -) propriétaire foncier, terrien

— H —

Haar n. (es, e) cheveu ; **an einem H. hängen** être à deux doigts, ne tenir qu'à un fil ; **um kein H. + comparatif** n'être guère plus (+ adj.)
Halbdunkel n (-) pénombre
haben avoir ; **etw. davon h.** profiter de qqch. ; **etw. von jm./etw. h.** retirer un bénéfice de qqn/qqch.
Haken m. (s, -) crochet
hallen retentir, résonner
halten (ä, ie, a) tenir ; **für etw. h.** prendre pour ; **etw. auf jn. h.** avoir une bonne opinion de qqn
Hand f. (-, ¨e) main ; um jds. H. anhalten demander la main de qqn ; **alles in seiner H. haben** avoir la situation en main
Handel m. (s, -) marché, commerce
handeln faire commerce
Handschuh m. (s, e) gant
harmlos anodin
hart dur
hassen haïr
häßlich laid
Hauptgläubiger m. (s, -) créancier principal
Haut f. (-) peau

heimlich en douce
heiraten se marier
heißen (ie, ei) s'appeler, signifier
heiser enroué
heißgeliebt adoré
heizen chauffer
helfen (i, a, o) (jm. h.) aider qqn ; **es hilft (mir dir... etc.) nichts** il n'y a rien à faire, je (tu... etc.) dois...
hell clair
Hemd n. (s, en) chemise
herab/beugen (sich h.) se pencher
herab/neigen (sich h.) se pencher
heran/treten (i, a, e) an jn. h. faire appel à qqn
herbei/schaffen trouver
her/bringen (-brachte, -gebracht) apporter
herrlich superbe
her/richten arranger ; **sich h.** se (re)faire une beauté
Herz n. (ens, en) cœur, âme
hetzen (jn. auf jn. h.) lâcher qqn sur qqn
Hilfe f. (-n) l'aide
Himmel m. (s, -) ciel ; **um Himmels willen** pour l'amour du ciel
himmlisch merveilleux, divin, superbe
hinauf/schrauben (sich h.) se rendre intéressant
hin/knien s'agenouiller
hinein/platzen surprendre, faire irruption
Hinsicht f. (-, en) in jeder Hinsicht à tous égards
hin/stellen (sich h.) se planter là devant qqn
hintereinander l'un après l'autre
Hintergedanke m. (ns, en) arrière-pensée
hinunter/stürzen tomber, faire une chute
hinweg/sehen (ie, a, e) über jn. h. ne pas voir ; regarder qqn
Hinweis m. (es, e) allusion, indication
hochachtungsvoll avec respect
Hochgebirge n. (es, e) hautes montagnes
hochgemut gai
hochmütig orgueilleux
hoch/schätzen estimer, admirer
höchstens adv. tout au plus, à la rigueur, peut-être
Hochzeit f. (-, en) mariage
Hochzeitsreise f. (-, n) voyage de noces
Hof m. (es, ¨e) cour ; **jm. den H. machen** faire la cour à qqn

hoffentlich adv. j'espère, il faut espérer, espérons

Hoffnung f. (-, en) espoir ; **in der H. sein** être enceinte

Hoffnungslosigkeit f. (-) désespoir

höflich poli

Hohn m. (s, -) ironie, dérision

hübsch joli

Hütte f. (-, n) chalet, refuge

— I —

Ihrerseits (meiners, deiners... etc.) de votre côté (de mon, ton... etc.)

imstande sein être capable

im übrigen d'ailleurs

in der Tat en effet

indes adv. en attendant, pendant ce temps

inhaftieren écrouer

Inhalt m. (s, e) contenu

inzwischen adv. en attendant, entre-temps

irgendein anderer qqn d'autre

irgendeiner un individu quelconque, n'importe qui

irgendwie d'une manière quelconque, d'une façon ou d'une autre

irren faire erreur ; **sich i.** se tromper

irrsinnig fou

Irrtum m. (s, ¨er) erreur

— J —

ja si, et pourtant, certes, sans doute

Jahrhundertwende f. tournant de siècle

je jamais

jedenfalls adv. en tout cas

jemals adv. un jour

Jenseits n. (-) l'au-delà

jungfräulich virginal

Jüngling m. (s, e) jeune homme

— K —

Kahn m. (s, ¨e) barque

Kalb n. (es, ¨er) veau

Kammerjungfer f. (-, n) camériste, femme de chambre

kämpfen lutter ; **mit den Tränen k.** lutter contre les larmes

Katze f. (-, n) chat ; **etw. ist für die K.** (fam.) en pure perte

kaum à peine

Kehle f. (-, n) gorge ; **jm. an die K. springen** sauter à la gorge de qqn

keinerlei aucun, nul

keinesfalls adv. en aucun cas

keineswegs adv. pas du tout

Kellner m. (s, -) garçon (de café)

Kerker m. (s, -) prison

Kerl m. (s, e) garçon, gars

Kerze f. (-, n) cierge

Kleid n. (es, er) robe

kleiden (etw. kleidet jn.) seoir, aller bien,

Kleinigkeit f. (-, en) broutille

Kletterin f. (-, nen) grimpeuse

klingeln sonner

klopfen frapper

Knie n. (s-) genou ; **sich vor jm. auf die K. werfen** se jeter à genoux devant qqn

kommen (a, o) venir ; **auf etw. k.** se rappeler qqch., avoir une idée ; **wie kommt etw./j. an einen bestimmten Ort** comment cela se fait-il que qqn/qqch. se trouve à tel endroit

Kopf m. (es, ¨e) tête ; sich den K. zerbrechen (i, a, o) se casser la tête

Körper m. (s, -) corps

köstlich délicieux, exquis

kraftlos sans force

Kragen m. (s, -) col (chemise)

Kralle f. (-, n) griffe

kränken (sich k.) (se) chagriner

Krankenschwester f. (-, n) l'infirmière

krank/lachen (sich k.) mourir de rire

Kranz m. (es, ¨e) couronne (de fleurs)

kratzen griffer

kriegen fam. recevoir, obtenir

Kronprinz m. (en, en) prince héritier

Kugel f. (-, n) balle

Kuh f ; (-, ¨e) vache

kühl frais

kümmern was kümmert Sie das? que vous importe ? ; **sich um jn./etw. k.** s'occuper de qqn/qqch.

kund/tun (-tat, -getan) communiquer, annoncer

künftig adj. futur

Kunstgeschichte f. (-) histoire de l'art

kunstgeschichtlich adj. ce qui concerne l'histoire de l'art

Kunsthändler m. (s, -) négociant d'objets d'art
Künstler m. (s, -) artiste
Künstlerball m. (s, -e) bal pour artistes
Künstlerin f. (-, nen) artiste
künstlich artificiel, artificiellement
kurz und gut en bref
küssen embrasser ; **die Hand k.** baiser la main
Kuvert n. (s, s) enveloppe (lettre)

— L —

lächeln sourire
lächerlich ridicule, dérisoire
langweilig ennuyeux
laufen (äu, ie, au) courir, couler
läuten sonner
lauter adv. seulement, rien que
Lebemann m. (es, ¨er) noceur
Lebensunterhalt m. (es) moyens d'existence, entretien
lebhaft vif, vivement
leer vide
Lehne f. (-, n) bras de fauteuil
Leichenwagen m. (s, -) corbillard
Leichnam m. (s, e) cadavre
leicht léger
Leichtsinn m. (s) légèreté, insouciance
leiden (litt, gelitten) souffrir
leiden können (jn. l. k.) apprécier, aimer qqn
leider adv. malheureusement
leid tun (tat, getan) regretter ; **es tut mir leid** je regrette
leihen (ie, ie) prêter
leise doux, doucement, à voix basse
leuchten briller
leugnen nier
letztlich adv. en fin de compte
Licht n. (es, er) lumière
Lichtung f. (-, en) clairière
Liebhaber m. (s, -) amant
liebenswürdig aimable
Liebesdienst m. (es, e) service d'ami
Lieblingsgetränk n. (es, e) boisson préférée
locker léger
Lohn m. (es, ¨e) salaire, dédommagement
Los n. (es, e) le sort
los/gehen (-ging, -gegangen) partir
los/lassen (ä, ie, a) lâcher
lösen (die Haare l.) dénouer les cheveux

lüften entrouvrir
Luftzug m. (es, ¨e) courant d'air
Lügner m. (s, -) menteur
Lump m. (en, en) crapule
lustig drôle

— M —

Maler m. (s, -) peintre
manch/er/e/es pl. e adj. et pron. indéf. certains, plus d'un, maint
mancherlei toute sorte de
Märchen n. (s, -) conte de fée
märchenhaft féerique
Marmor m. (s) marbre
Marmorstufe f. (-, n) marche en marbre
Maskenball m. (s, ¨e) bal masqué
Matador m. (s, en) champion
Meeresspiegel m. (s, -) niveau de la mer
Mehrzahl f. (-) majorité
meinen penser, estimer ; **jn. m.** penser à qqn
meinetwegen adv. 1) je veux bien, cela m'est égal 2) à cause de moi, pour moi
merken remarquer, retenir ; **jn. etw. nicht m. lassen (ä, ie, a)** ne pas laisser paraître qqch. à qqn
merkwürdig curieux, étrange
Messing n. (s) laiton ; **M. -beschläge** garniture en l. (meubles)
Miene f. (-, n) mine ; **keine M. verziehen, bewegen** ne pas sourciller
mindestens adv. au moins
miteinander ensemble ; **etw. m. haben** avoir une liaison
Mitleid n. (s) pitié
mittlerweile adv. en attendant
mit/machen prendre part, supporter
Mittelmeer n. (s) Méditerranée
mit/teilen communiquer
Mitternacht f. (-) minuit
morden assassiner
Mörder m. (s, -) assassin
Morgengrauen n. (s) l'aube
Mühe f. (-, n) effort ; **der M. wert sein** valoir la peine
mühen (sich m.) se donner du mal, faire des efforts
murmeln murmurer
Mut m. (s) courage
mutig courageux
mütterlich maternel

— N —

nach/denken (-dachte, -gedacht) réfléchir
nachdrücklich avec insistance
nach/gehen (-ging, -gegangen) (jm. n.) suivre qqn
Nachricht f. (-, en) la nouvelle, l'information
Nachsicht f. (-) indulgence
nächstens adv. prochainement
nächtlich nocturne
Nachttisch m. (s, e) table de nuit
Nacken m. (s, -) nuque
nackt nu
Nadel f. (-, n) épine, aiguille
Nähe f. (-) proximité
nähen coudre
Näherin f. (-, nen) couturière
nämlich adv. c'est-à-dire, c'est que
Narr m. (en, en) le fou ; **jn. zum Narren halten** duper qqn
Nebel m. (s, -) brouillard
nett gentil
neugierig curieux
neulich récemment
nicken incliner la tête
niedlich mignon
nirgends nulle part
nirgendwo nulle part
noch dazu par-dessus le marché
noch lange nicht loin de là
nötig nécessaire
notwendig nécessaire
nur daß sauf que, à ceci près

— O —

obgleich bien que
obschon bien que
obzwar bien que
offenbar manifeste, manifestement
oft souvent
ohne weiteres sans façon, d'emblée
Ohnmacht f. (-) impuissance ; **in O. fallen (ä, ie, a)** perdre connaissance
Ohnmachtsanfall m. (s, ¨e) évanouissement
Ohr n. (s, en) oreille ; **jn. übers O. hauen** duper qqn
ohrfeigen gifler
Opfer n. (s, -) sacrifice, victime ; **ein O. bringen (brachte, gebracht)** se sacrifier
ordnen régler, ranger
Ordnung f. (-) l'ordre ; **in O. bringen** arranger

Orgel f. (-, n) orgue
Ortschaft f. (-, en) localité

— P —

Paar n. (es, e) couple ; **ein paar** quelques ; **die/diese paar** les/ces quelques
passen aller ; **das könnte Ihnen p.** cela vous plairait bien !
pflegen soigner
prachtvoll somptueux
Preis m. (es, e) prix
Probe f. (-, n) répétition (théâtre)
Puls m. (es, e) pouls
Pulver n. (s, -) poudre, cachet (médicament)
pünktlich ponctuel
pusten fam. souffler

— Q —

Qual f. (-, en) tourment, supplice
quälen tourmenter, torturer

— R —

raffiniert sein être doué, retors, rusé
ragen se dresser, s'élever
rasch rapide
Rat m. (es, -schläge) conseil ; **jn. um R. fragen** demander conseil à qqn
raten (ä, ie, a) jm r. conseiller qqn
rätselhaft énigmatique
rauchen fumer
rechnen calculer ; **mit jm./etw. r.** compter sur qqn/qqch.
Rechnung f. (-, en) calcul
Recht n. (s) le droit
recht vrai, juste
Rechtfertigung f. (-, en) justification, alibi
Rede f. (-, n) discours, propos ; **es ist nicht der R. wert** cela ne vaut pas la peine d'en parler ; **es ist die Rede von** il est question de
regelmäßig régulier, régulièrement
regen remuer
regungslos immobile
reichhaltig riche, varié
reiflich mûre, mûrement
Reihe f. (-, n) la rangée
rein pur
reizvoll charmant, séduisant
reißen (i, i) arracher
reiten (i, i) faire du cheval
retten sauver

Rettung f. (-) sauvetage, planche de salut
Reue f. (-) remords
Richtung f. (-, en) direction
riechen (o, o) sentir
rieseln ruisseler, couler ; **es rieselt durch meine Haut** je suis parcourue de frissons
riesig gigantesque
Riß m. (sses, sse) déchirure, accroc
Römer m. (s, -) romain
Rücksicht f. (-, en) discrétion, attention
Rücksichtslosigkeit f. (-, en) manque d'égards
rudern ramer
Ruhe f. (-) calme ; **in aller R.** en toute tranquillité
rühren (sich r.) bouger, remuer
rührend délicieux, émouvant

— S —

Sammlung f. (-, en) collecte, collection
sämtliche (pl.) tous les...
sauber propre
Schach n. (s, s) jeu d'échec
Schachtel f. (-, n) boîte
schade adv. dommage ; **es ist s. um jn/etw** il est dommage pour qqn/qqch.
schaden nuire ; **das schadet nichts** cela ne fait rien
schaffen (etw. s.) arriver au bout de qqch.
schämen (sich s.) avoir honte ; **sich zu Tode s.** mourir de honte
schamlos indécent, impudique
Schande f. (-) honte
schändlich infâme, ignoble
Scharfblick m. (s, e) perspicacité, clairvoyance
Scharfsinn m. (s) perspicacité
schätzen estimer
Schauder m. (s, -) frisson
Schauspieler m. (s, -) comédien
Schauspielerin f. (-, nen) comédienne
scheinen (ie, ie) sembler
scheintot sein être mort en apparence
scheren (o, o) raser, couper
Scherz m. (es, e) blague, bon mot, plaisanterie
scheußlich horrible, dégoûtant
Schicksal n. (s, e) destin
Schicksalswink m. (s, e) signe du destin, du ciel
schielen loucher
schlaff sans force

Schlafrock m. (s, ¨e) peignoir
Schlange f. (-, n) serpent
schlank mince
schleichen (i, i) se faufiler
Schleife f. (-, n) ruban
schließen (o, o) fermer, terminer
schließlich adv. finalement, enfin, après tout
schlimm grave
Schlimmste n. (superl.) le pire
schlingen (a, u) entourer
Schloß n. (sses, ¨sser) château
Schlosser m. (s, -) serrurier
Schlucht f. (-, en) abîme
Schluck m. (es, e) gorgée
schlucken avaler
schnallen attacher
Schneid m. (s,) cran, courage
Schneider m. (s, -) tailleur
schmecken es s. gut c'est bon
schmelzen (i, o, o) fondre
schmelzend doux, attendri
Schmuck m. (s) bijoux
schon adv. déjà, probablement ; **das ist schon so** c'est comme cela, on ne peut rien y faire
schön adv. bien, très, beaucoup
Schreck m. (s, en) frayeur ; **jn. in Schrecken versetzen** effrayer qqn
schreiben (ie, ie) écrire
schreien (ie, ie) crier
schriftlich par écrit ; **etw. s. geben (i, a, e)** certifier qqch.
schüchtern timide
Schuft m. (s, e) salaud
Schuld f. (-) faute, responsabilité
schuld sein être responsable, fautif
schuldig (jm. etw. s. sein) devoir qqch. à qqn
schuldlos innocent
schütten verser, répandre
schwarz noir, brun
schweben planer, flotter
Schwede m. (n, n) suédois
Schweden la Suède
schweigen (ie, ie) se taire
schwer lourd
Schwierigkeit f. (-, en) difficulté
schwimmen (a, o) nager
Schwindelbande f. (-, n) bande d'imposteurs
Schwindler m. (s, -) imposteur
schwindlig vertigineux
schwören (o, o) jurer ; **auf jn./etw. s.** ne jurer que par qqn/qqch. ; **bei etw./Dat. s.** jurer sur...
Seele f. (-, n) âme
Segel n. (s, -) voile

Seide f. (-) soie
Selbstmord m. (es, e) suicide
selbstverständlich naturel, naturellement
seltsam étrange
Sicherheit f. (-, en) sécurité, garantie
Sicht f. (-) vue
Sieg m. (es, e) victoire
sinken (a, u) sombrer, s'abaisser
sinnlich sensuel
Skala f. (-, Skalen) gamme
Sklavin f. (-, nen) esclave
sogenannt soi-disant, prétendu
so gut wie pour ainsi dire
solcher/e/es (ein s.) un tel
sonderlich particulièrement
sonst adv. sinon, autrement
Sorge f. (-, n) souci
sorgen (für etw. s.) se charger de qqch.
soweit sein être prêt ; **en être arrivé là**
Spalier n. stehen (stand, gestanden) faire la haie d'honneur
Spaß m. (sses, ¨e) plaisanterie
spaßen plaisanter
Spaziergang m. (s, ¨e) promenade
Spitzbart m. (es, ¨e) barbiche
spotten (über jn. s.) se moquer de qqn
Spottpreis m. (es, e) prix dérisoire
spucken cracher
spüren sentir, ressentir
Spiegel m. (s, -) miroir
Spiel n. (s, e) jeu ; **auf dem S. stehen (stand, gestanden)** être en jeu
Spielschuld f. (-, en) dette de jeu
Spitzbube m. (en , en) filou, coquin
Sprichwort n. (es, e) proverbe
Spur f. (-, en) trace ; **keine S.** jamais de la vie
stammeln bégayer
stark fort
starren regarder fixement
stehen (stand, gestanden) jm steht etw. aller bien à qqn
stehlen (ie, a, o) voler
steigen (ie, ie) monter
Stein m. (s, e) pierre
stellen (sich s. + participe prés. ou adv.) faire semblant de
Stellung f. (-, en) travail, situation
Sternenlicht n. (es) lumière des étoiles
Stich m. (es, e) jn. im S. lassen (ä, ie, a) laisser tomber qqn

Stiegenhaus n. (es, ¨er) cage d'escalier
still silencieux
Stimme f. (-, n) voix
Stimmung f. (-, en) ambiance, atmosphère
Stock m. (es, ¨e) canne
stolpern trébucher
stolz fier ; **auf jn./etw. s. sein** être fier de qqn/qqch.
stören déranger
stottern bégayer
Sträfling m. (s, e) prisonnier, forçat
strahlen briller
Strang m. (s, ¨e) corde
streicheln caresser
Strich m. (s, e) trait
Strumpf m. (es, ¨e) bas, chaussette
Stubenmädchen n. (s, -) femme de chambre
Stufe f. (-, n) marche
stürzen (sich s.) se précipiter
Summe f. (-, n) somme
süß mignon

— T —

Tagebuch n. (es, ¨er) journal intime
tatsächlich vraiment
täuschen (sich) (se) tromper
Teich m. (es, e) étang
Teil m. (s, e) part, partie
Teilnehmer m. (s, -) participant
teuer cher (prix)
Teufel m. (s, -) diable ; **zum T. gehen (ging, gegangen)** aller au diable
Thronfolger m. (s, -) prince héritier
tief profond, profondément
Tod m. (es, e) la mort ; **jn. in den T. treiben (ie, ie)** pousser qqn au suicide ; **zu Tode lachen** rire aux larmes
Todfeind m. (es, e) ennemi mortel
toll fou
tönen résonner
totenblaß pâle comme la mort
tot/schießen (o, o) tuer (par balle)
Tour f. (-, en) excursion
Tragbahre f. (-, n) civière
Träger m. (s, -) porteur
Träne f. (-, n) larme
trauen (sich t.) oser qqch.
Trauer f. (-) deuil
Trauerkleid n. (es, er) vêtement de deuil
Trauerzug m. (es, ¨e) convoi funèbre
Traum m. (es, ¨e) rêve
träumen (rêver)

traurig triste
treffen (i, a, o) (jn. t.) rencontrer qqn
trennen (sich t.) se séparer
Treppe f. (-, n) escalier
Treppenhaus n. (es, ¨er) cage d'escalier
trefflich excellent
treu fidèle
Trinkgeld n. (es, er) pourboire
Tropfen m. (s, -) goutte ; **ein T. auf den heißen Stein** une goutte d'eau dans la mer
tun (tat, getan) faire ; **damit ist etw. getan** avoir pour conséquence
Türspalte f. (-, n) l'entrebâillement de la porte

— U —

übel mauvais, mal ; **mir ist ü.** j'ai mal au cœur
übel/nehmen (i, a, o) (jm. etw ü.) se formaliser, prendre mal
üben s'exercer
überdies en plus
überflüssig superflu
überhaupt donc, après tout
überhaupt nicht pas du tout
überleben survivre
überlegen réfléchir
Überlegung f. (-, en) réflexion
übermässig excessif, excessivement
übermorgen après-demain
überschätzen surestimer
übertölpeln duper, tromper
überweisen (ie, ie) envoyer, virer (de l'argent)
überzeugen convaincre
üblich habituel
übrig/bleiben (ie, ie) rester ; es **bleibt mir nichts anderes ü.** il n'y a pas d'autre solution
übrigens adv. d'ailleurs
unappetitlich écœurant
unangenehm désagréable
unanständig indécent
Unanständigkeit f. (-, en) indécence, polissonnerie
unaufmerksam inattentif
unausbleiblich inévitable
unausstehlich odieux, insupportable
unbedingt adv. absolument, en tout cas
unbefangen sans façon, naturel
Unbesonnenheit f. (-, en) légèreté
und wenn auch et puis après, et alors
undurchdringlich indéchiffrable
unerbittlich impitoyable
unerreichbar inaccessible

Unfall m. (s, ¨e) accident
Ungarn Hongrie
Ungarin f. (-, nen) hongroise
ungeheuer énorme
Ungelegenheit f. (-, en) ennui, problème
Ungerechtigkeit f. (-, en) injustice
ungezwungen aisé, désinvolte
unglücklicherweise adv. malheureusement
Unglücksfall m. (s, ¨e) accident
ungnädig mal disposé (envers qqn), peu aimable
unheimlich inquiétant, effrayant
unmöglich impossible
unnötig superflu
Unrecht n. (s) tort, injustice
unruhig agité
unseretwegen à cause de nous, pour nous
Unsinn m. (s) bêtise, folie
unterbrechen (i, a, o) interrompre
unterdrückt sein être soumis, opprimé
unternehmen (i, a, o) entreprendre
unternehmend entreprenant
Unterschied m. (es, e) différence
unterschlagen (ä, u, a) détourner, subtiliser (de l'argent)
Unterschrift f. (-, en) signature
unterstreichen (i, i) souligner
Unterwäsche f. (-) lingerie
unverständlich incompréhensible
unverzüglich adv. sans tarder, immédiatement
unwichtig sans importance
unwillkürlich involontaire
unzugänglich inaccessible
Uraufführung f (-, en) première création théâtrale
Urlaub m. (s, -) congé, vacances
umarmen prendre dans ses bras
um/bringen (-brachte, -gebracht) tuer ; (sich u.) se suicider
um/fallen (ä, ie, a) défaillir, tomber
Umfeld n. (s, er) environnement (sens figuré)
umgehen (umging, umgangen) contourner
umher/irren errer
umhüllen envelopper (d'un vêtement)
um/kehren retourner
um/kleiden se changer, s'habiller
umsonst adv. en vain
Umstand m. (es, ¨e) cir-

constance; **unter allen Umständen** quoi qu'il arrive

um/wenden (-wandte, -gewandt) (sich u.) se retourner

unwickeln envelopper (d'un vêtement)

— V —

verachten mépriser

veranlassen (ä, ie, a) (jn. v. etw. zu tun) engager qqn à faire qqch.

veranstalten arranger, organiser

verantwortlich responsable; **für etw. v. sein** être responsable de qqch.

verbeugen (sich v.) s'incliner

Verbrecher m. (s, -) le criminel

verblüfft sein être ahuri

verdammen maudire

verdächtig suspect

verderben (i, a, o) gâcher

verdienen + **Acc.** mériter, gagner (de l'argent)

Verehrung f. (-) vénération

vererben léguer

verfangen (ä, ie, a) (sich v.) s'accrocher

verfaulen pourrir

Verfassung f. (-) état (d'esprit)

verfehlen (jn. v.) manquer, rater qqn

verflossen passé

verflucht sacré (péj.), maudit

Verfügung f. (-, en) disposition; **zur V.** à la disposition

verführerisch séduisant

vergeben (i, a, e) (sich v.) se compromettre

vergeblich en vain

vergehen (verging, vergangen) passer (temps)

vergiften empoisonner

Vergißmeinnicht n. (-) myosotis

Vergnügen n. (s, -) plaisir

vergnügt gai

Verhaftung f. (-, en) arrestation

Verhängnis n. (es, e) destin, fatalité

verhalten (ä, ie, a) (sich v.) se comporter

Verhältnisse (pl.) circonstances, situation, condition

verhältnismäßig adv. relativement

Verhandlungstag m. (es, e) jour d'audience (tribunal)

verhaspeln (sich v.) bafouiller, s'embrouiller

verkuppeln vendre, accoupler
verlangen exiger ; **etw. von jm. v.** exiger qqch. de qqn
verlassen (ä, ie, a) quitter ; **sich auf jn./etw. v.** compter sur qqn/qqch.
verlebt usé par la débauche
verlegen sein être gêné
Verlegenheit f. (-, en) gêne ; **in V. sein** être gêné ; **jm. aus der V. helfen** sortir qqn de l'embarras
verletzen blesser
verleugnen nier, cacher
verliebt amoureux ; **in jn. v. sein** être amoureux de qqn
verlieren (o, o) perdre
verloben (sich v.) se fiancer
verlockend attirant, séduisant
vermachen léguer
vermuten supposer
Vermutung f. (-, en) supposition
vernachlässigen négliger
verneigen (sich v.) s'incliner
vernünftig raisonnable, sage
verrechnen (sich v.) mal faire ses comptes, faire une erreur
verrückt fou
verpflichtet sein être contraint, obligé
Verpflichtung f. (-, en) obligation
versäumen manquer, rater
verschaffen (sich etw. v.) se procurer qqch.
verschieden différent, divers
verschmähen repousser
verschütten renverser, répandre
verschwinden (a, u) disparaître
Versehen n. (-) aus V. par mégarde
versichern assurer, garantir
Versorgung f. (-, en) entretien
verständigen prévenir
verständnisvoll compréhensif
versteigern vendre aux enchères
verspielen perdre
verspotten (jn. v.) se moquer de qqn
versprechen (i, a, o) promettre
Versuch m. (s, e) tentative
versuchen essayer, tenter
versunken englouti
verteidigen défendre
Verteidiger m. (s, -) défenseur
Vertrag m. (es, ¨e) contrat
vertragen (ä, u, a) supporter ; **sich v.** s'entendre

verunglücken avoir un accident
Verunglückter (en, en) un blessé, un accidenté
veruntreuen dilapider, détourner (de l'argent)
verurteilen condamner
Verwandten (pl.) parents, parenté, famille
verweigern refuser
verwesen se décomposer
verwirken perdre
Verwirrung f. (-, en) confusion
verwischen effacer des contours, rendre flou
verworfen sein être abject, dépravé
verwunden blesser
verzeihen (ie, ie) jm. v. excuser, pardonner
verzehren (sich. v.) se consumer
verzichten renoncer ; **auf etw. v.** renoncer à qqch.
verzweifelt désespéré
Verzweiflung f. (-) désespoir
vielmehr adv. plutôt
voll plein
volle zwei Stunden (pl.) deux heures entières
von... an à partir de
voran sein devancer
voraus/gehen (-ging, -gegangen) précéder
Voraussetzung f. (-, en) condition
vorbei/gehen (-ging, -gegangen) passer ; **im Vorbeigehen** en passant
Vorbild n (s, er) modèle
Vorgefühl n. (s, e) pressentiment
vorhanden sein exister
Vorhang m. (s, ¨e) rideau
vor/gehen (-ging, -gegangen) (etw. geht in jm. v.) qqch. se passe en qqn
vor/kommen (a, o) (es kommt jm. vor) il paraît à qqn
vorläufig jusqu'à nouvel ordre
Vorlesung f. (-, en) cours universitaire
vorige précédent
vornehm distingué ; **v. tun (tat, getan)** se donner de grands airs
vor/schlagen (ä, u, a) proposer
Vorschuß m. (sses, ¨sse) avance (de l'argent)
vor/sehen (ie, a, e) prévoir
vorsichtig prudent, prudemment
vorsichtshalber par prudence
vor/stellen présenter ; **sich etw. v.** s'imaginer qqch.

Vorstellung f. (-, en) représentation, spectacle
vorwärts adv. en avant
Vorwurf m. (s, ¨-e) reproche
vor/ziehen (-zog, -gezogen) préférer

— W —

wach sein être éveillé, conscient
wachsen (ä, u, a) grandir, croître
wagen oser
Wahl (-, en) choix
wählen choisir
Wahnsinn m. (s, -) folie
wahnsinnig fou
wahrhaftig vrai, vraiment
wahr/nehmen percevoir
Waldesrand m. (es, ¨-er) lisière de la forêt
wandern marcher
Wanderschaft f. (-, en) tour, voyage; **auf der W.** en voyage
Wärterin f. (-, nen) infirmière
Wäsche f. (-) linge
Waschtisch m. (es, e) table de toilette
wechseln changer
wecken réveiller
wegen (+ Gén.) à cause de
weg/gießen (o, o) jeter, verser
wehe ihm gare à lui
wehren (sich w.) se défendre
Weib n. (es, er) bonne femme
weiblich féminin
weinen pleurer
Weise f. (-, en) façon, manière
weit éloigné, loin, vaste
weit und breit à la ronde
weiter nichts pas plus que ça
Welle f. (-, n) la vague
Welt f. (-, en) monde; **nicht um die W.** pour rien au monde
wenden (wandte, gewandt) (sich an jn. w.) s'adresser à qqn
wenigstens au moins
Wert m. (es, e) valeur; **auf etw. W. legen** attacher de l'importance à
wert sein valoir; **nicht viel w. sein** ne pas valoir grand-chose
Wesen n. (s, -) créature, personne, être
wetten parier; **so haben wir nicht gewettet** enfreindre la règle du jeu
wichtig important
widersprüchlich contradictoire
widerwärtig dégoûtant, odieux

wieder einmal une fois de plus
Wiese f. (-, n) prairie
wieso denn comment cela
Wille m. (ns, n) volonté
Wink m. (-) signe (de la main)
winken faire un signe de la main
Wind m. (es, e) vent
wirklich réel, réellement
Wirklichkeit f. (-, en) réalité
Witz m. (es, e) blague, plaisanterie
woanders ailleurs
Wonne f. (-) plaisir, délice, ravissement
Wort n. (es, ¨er) mot ; **(das) W. halten (ä, ie, a)** tenir parole
wozu pourquoi, dans quel but
wühlen remuer, fouiller ; **etw. wühlt in mir** qqch. m'agite, me torture
Wunder n. (s, -) miracle
wunderbar merveilleux
wundern (sich w.) s'étonner
wunderschön merveilleux
würdig digne, dignement
Wüste f. (-, en) désert

— Z —

Zahn m. (es, -e) dent ; **mir klappern die Zähne** mes dents claquent
zart tendre, léger
Zärtlichkeit f. (-, en) tendresse
Zauberburg f. (-, en) palais magique
zaubern pratiquer la magie
Zehenspitze f. (-, n) pointe des pieds ; **sich auf die Z. (pl.) stellen** se mettre sur la pointe des pieds
Zeile f. (-, n) ligne
Zeit f. (-, en) temps ; **es ist höchste Zeit** il est grand temps
zerbrechen (i, a, o) casser, briser ; **sich den Kopf z.** se casser la tête
zerstreut distrait
Zerstreutheit f. (-) distraction, inattention
Zettel m. (s, -) fiche
Zeugnis n. (ses, e) témoignage, certificat
ziehen (zog, gezogen) tirer, tirailler
ziemlich assez, relativement
Zimmermädchen n. (s, -) femme de chambre
zittern trembler
Zuchthaus n. (es, ¨er) prison

Zukunft f. (-) avenir
Zufall m. (s ¨e) hasard
zufällig par hasard
zudringlich indiscret
Zug m. (es, ¨e) train, traite, cortège ; **in einem Z.** d'un trait
zukommen lassen (ä, ie, a) jm. etw. z. l. faire parvenir qqch. à qqn
zumindest au moins
zumute jm. ist nach etw. z. qqn a envie de qqch. **jm. ist traurig (fröhlich...) zumute** se sentir triste, (gai...)
zu/nicken (jm. z.) faire signe de la tête à qqn
zu/reden (jm. z.) chercher à persuader qqn
zurück/erstatten rendre, rembourser
zurück/halten (ä, ie, a) retenir
zurück/treten (i, a,e) reculer
zurück/weichen reculer
Zusammenhang m. (es, ¨e) contexte
zu/sperren fermer
Zustand m. (es, ¨e) état (d'esprit)
zuwider répugnant ; **jm. z. sein** répugner à qqn
zwanglos léger
zwar adv. à la vérité, en effet
zwingen (a, u) forcer

Imprimé en France sur Presse Offset par

BRODARD & TAUPIN

GROUPE CPI

La Flèche (Sarthe).
N° d'imprimeur : 16252 – Dépôt légal Éditeur 20879 - 03/2003
Édition 01
LIBRAIRIE GÉNÉRALE FRANÇAISE - 43, quai de Grenelle - 75015 Paris.

ISBN : 2 - 253 - 05805 - X 30/8656/8